U0896578

民族文字出版专项资金资助项目

中国水书译注丛书

水书

【起造卷】

陆春 译注

贵州出版集团
贵州民族出版社

图书在版编目(CIP)数据

水书.起造卷:水文、汉文对照/陆春译注.--贵阳:贵州民族出版社,2019.1

(中国水书译注丛书)

ISBN 978-7-5412-2415-7

Ⅰ.①水… Ⅱ.①陆… Ⅲ.①水书-译文②水书-注释 Ⅳ.①K286.9

中国版本图书馆CIP数据核字(2018)第218283号

中国水书译注丛书

水书·起造卷

陆春　译注

出版发行　贵州民族出版社

地　　址　贵阳观山湖区会展东路贵州出版大楼

邮　　编　550081

印　　刷　贵阳精彩数字印刷有限公司

开　　本　787mm×1092mm　1/16

字　　数　230千字

印　　张　22.5

版　　次　2019年1月第1版

印　　次　2019年1月第1次印刷

书　　号　ISBN　978-7-5412-2415-7

定　　价　130.00元

出版前言

水族是一个古老的民族，具有悠久的历史和灿烂的文化，是中华民族大家庭中的一员。据2010年全国第六次人口普查，水族有41万人，其中90%以上生活在贵州省境内的三都水族自治县、荔波县、独山县等地，此外在广西壮族自治区的河池市以及云南省的富源县也有部分水族居住。在数千年的历史长河中，水族人民以群体智慧创造了丰富多彩、特色鲜明、博大精深的文化，其中最具代表性、典型性和影响力的就是水书。水书，水语称之为泐睢(le^{1} sui^{3})，意为水族的文字和水族的典籍。

水书，是水族人民集体智慧的结晶。其记载有水族古代的天文历法、地理、宗教、民俗、伦理、哲学等文化信息，内容博大精深，至今仍在水族的日常生活中鲜活的广泛的运用着，是水族的百科全书和精神信仰，水书为水族人民的生产生活习俗和文化传统的延续提供了内在动力。

水书具有重要的文字学研究价值。清代大儒莫友芝在《红崖古刻歌》注中，对水族古文字的评述是："吾独山土著有水家一种。其师师相传，有医、历二书，云自三代。舍弟祥芝曾录得其六十纳音一篇。甲子、乙丑金作，丙寅、丁卯火作，戊辰、己巳木作。且云其初本皆从竹简过录，其声读迥与今异，而多含古音，核其字画，疑斯籀前最简古文也。" 日本著名语言学家、原日本语言学会会长西田龙雄教授在《水文字历的释译》中指出："水书的存在说明：某时间，在四川省、贵州省、云南省境内，曾有过一系列字形相似的象形字；也已超过记录语言的性质范围。由巫师们代代相传下来的水书，就成了我们今天推断文字历史的重要依据之一了。"贵州学者史继忠教授称水书与东巴文是"传之久远的两种古文字"，"在世界文字发展史上，被称为'文字幼儿'的是水书与纳西族的东巴文……作为历史的活化石，水书提供了文字起源的生动材料，从中可以了解到古老的造字方法，以及汉族与水族文化的交融过程。"水书对研究水族社会历史、哲学思想具有重要的资料价值。历史上汉文献对水族社会历史的记载甚少，或语焉不详。但是水书为我们研究水族源流、社会状况提供了珍贵的文献资料，如水书中的《天烟条》："正五九遇牛打虎，二六十在狗和猪，三七十一猿狼焦，四八十二龙蛇煞，天烟放膏鸟不站，天烟钓鱼鱼不吃，天烟放刺把修竹壕挡口舌祸患，天烟修仓房建禾棚老鼠偏不到。"文中的"正五九""二六十"等为水历月份名称：正月、五月、八月、二月、六月、十月，"牛""虎""狗""猪""猿""狼""龙""蛇"等是水族二十八宿中的八个星宿名称。《天烟条》反映了水族先民由渔猎经济向定居的农业生活过渡阶段的历史；与此同时，也体现了远古时代水族氏族部落之间因为常有战事，故而加紧修筑防御工事的历史。

水书反映了水族先民对自然界、人类社会的认识，是一种朴素的哲学思考。如水书《梭项条》认为自然界和人类社会，各种事物都是盘根错节、交织穿梭在一起的，而不是孤立静止的，事物有正反、阴阳、祸福、寿夭等相反相成的两个方面，两个方面在一定条件下可相互转化。这反映了水族先民朴素的联系观、矛盾观。

水书对研究水族文学艺术具有重要的价值。水书各类卷本繁多，主要分诵读卷本、应用卷本两大类。配字配音诵读是诵读卷的重大特色。水书诵读卷本的条目，仅为简要的文字符号记录，必须靠配字、配音、配歌、配口传内容，才能使其成为完整的篇章，如水书基础读本《正七卷》用韵文体写成，绝大部分条目还有未写成文字的口传歌，讲述该条目的使用范围。这些歌为水族民歌体，流畅顺口，便于记忆，且用词严谨，可谓千锤百炼、惜墨如金，还常常使用比喻、夸张、排比等修辞手法。因此之故，不但水族巫师背得滚瓜烂熟，就是童叟妇孺皆可琅琅诵读，历代传唱不绝。

水书中还有各种绘画图案，如人、鬼、动物、植物、二十八星宿等。其形象原始古朴，艺术造型质朴、夸张，充满了想象力，绘画的线条感比较强，简练、直观。同时，这些绘画又充满了很强的宗教神秘感、历史厚重感，储藏了大量的历史民俗信息。

水书对研究水族古代的天文历法，具有重要的资料价值。水书所反映的天象、历法信息，是一份极为珍贵的历史文化遗产。如水族二十八宿，是用自然界中的动物或人们想象的动物以及无生命物质来记述，分别是蛟、龙、兔、日、虎、豹、蟹、牛、蝙蝠、鼠、燕、猪、鱼、螺、狗、雉、鸡、乌鸦、猴、獭、鹅、鬼（羊）、蜂、马、蜘蛛、蛇、蚯蚓。二十八宿的划分，为水族先民比较科学地观测日、月、木、火、土、金、水的运行情况提供了极大的方便。水族先民还用二十八宿与东、北、西、南、木、火、土、金、水以及十二地支配成方位图。

水书中的水历，以阴历八月即水稻收割季节为年终，以适种小季作物之阴历九月为正月，即水历建月于戌。水族传统历法，是典型的稻作物候历，成为水书中十分重要的组成部分，一直为水族人民沿习使用至今。如水族各地的年节不尽统一，有端节、卯节等，其中端节过节的范围最广、历时最长、人数最多、批次最多。过去分九批过节，现在分七批过节。荔波、三都交界地区水族欢度的卯节也按地域分四批过节。端节、卯节的过节日期，每年的起点不同，全靠水书先生根据水书水历推算来决定。

正是因为水书所具有的这些重要价值，2002 年 3 月，水书被列入首批《中国档案文献遗产名录》；2006 年 6 月，“水书习俗”被列入首批《国家级非物质文化遗产名录》；2008 年以来，水书有 74 卷抄本被列入《国家珍贵古籍名录》。

水书由水书先生世代口耳相授而传承，水书先生是水书的唯一运用者和保存者。目前，水书先生平均年龄在六十岁以上，每年都有一些年纪大的水书先生故去，而年轻人又不愿意学习、继承，因此抓紧时间对水书珍贵卷本进行整理与译注，以及对水书先生“储藏”脑海中的宝贵记忆进行整理、记录，就显得非常迫切。

正是基于这样的认识，在贵州有关政府部门的重视下，在专家学者的努力下，“中国水书译注”丛书得以陆续出版。其中，第 1 辑 5 卷：《水书·婚嫁卷》《水书·秘籍卷》《水书·正五卷》《水书·金用卷》《水书·麒麟正七卷》，在 2011 年出版，得到了地方各级政府和社会学术界的高度评价。

在时隔 7 年后，贵州民族出版社继续出版第 2 辑 5 卷：《水书·起造卷》《水书·祭祖卷》《水书·超度卷》《水书·贪巨卷》《水书·金堂卷》，此次的出版，得益于国家“民族文字出版专项资金”的资助，得益于水书先生、译注者付出的努力和心血。在此表示衷心感谢。

“中国水书译注”丛书编辑组

2018 年 6 月

导 言

水书是水族珍贵的历史文化遗产，是水族先民留下来的宝贵财富，是水族人民的百科全书。

水书内容博大精深，是水族民间知识、民间信仰文化的综合记录与体现。水书在水族人民的社会生活中起着很重要的作用，特别是在丧葬、祭祀、营造、婚嫁、出行、节令、占卜、农事等活动中发挥着一种指导规范的作用。水族人民的生产生活一举一动都受到“水书”条例制约，都要依据水书择定而行，尤其是在水族原始宗教信仰活动中有着举足轻重的地位。水书没有统一的刻版，全靠水书先生世代手抄、口传心记地传承下来。随着社会的发展，水族民间文化受到强烈的冲击，致使水书的传承和应用濒危，加上水书先生年龄已高，他们相继地离世，水书传承得不到更好的发展，已到了消亡的边缘，亟待抢救和保护。

《水书•起造卷》是众多水书卷本之一，水族人民用它来指导水族起造的方方面面，如动土、立柱、上梁、落成、移居、入宅、修圈、修仓等。因此，我们可以从《水书•起造卷》了解到水族起造习俗、建房原则、民俗禁忌等一系列文化特征，以及水书在水族民间的作用和影响。

《水书•起造卷》的原件抄本是三都水族自治县中和镇拉旦村台寨水书先生陆朝仲藏书。全书内容分两部分，第一部分为原件影印，以便读者能够看到水书抄本的原本面貌；第二部分为内容译注，按水书原文、音标注音、汉文直译、汉文意译四对照，篇章译注和注释说明的体例进行编排。书后附录收录有《水书六十甲子歌诀表》《水历阴历对照表》《常用水书字归类》《水书先生口头歌诀》等，作为参考资料，以便读者对照研究。

因本人能力有限，在译注中难免会有不足之处，敬请专家学者指正。

陆春

2018 年 6 月

目　录

水书

原卷影印

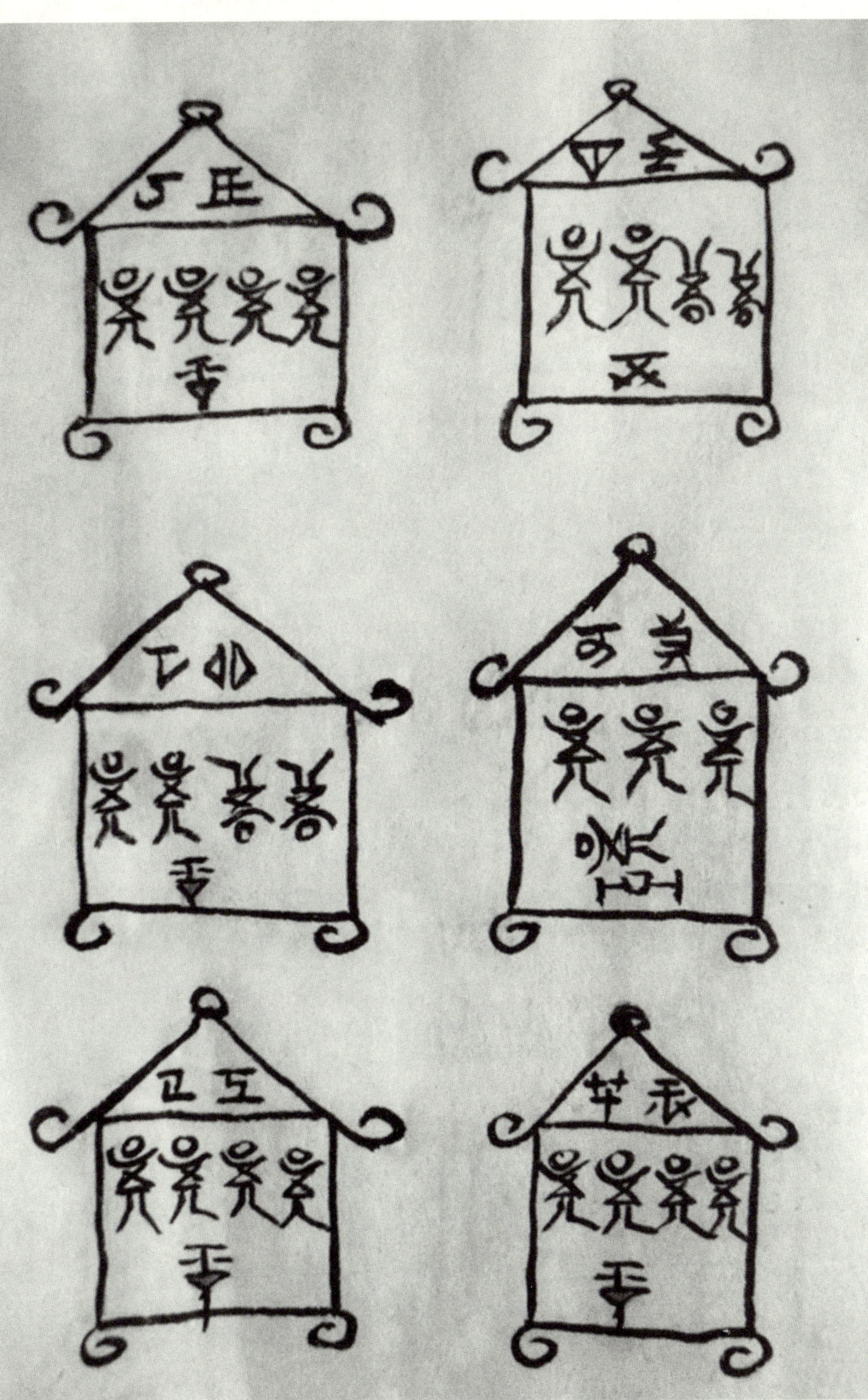

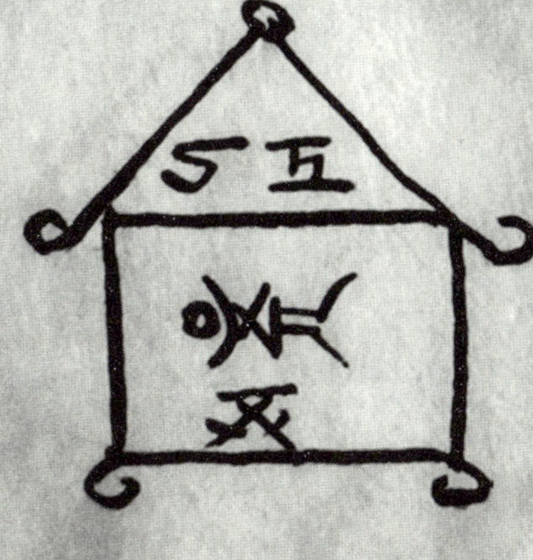

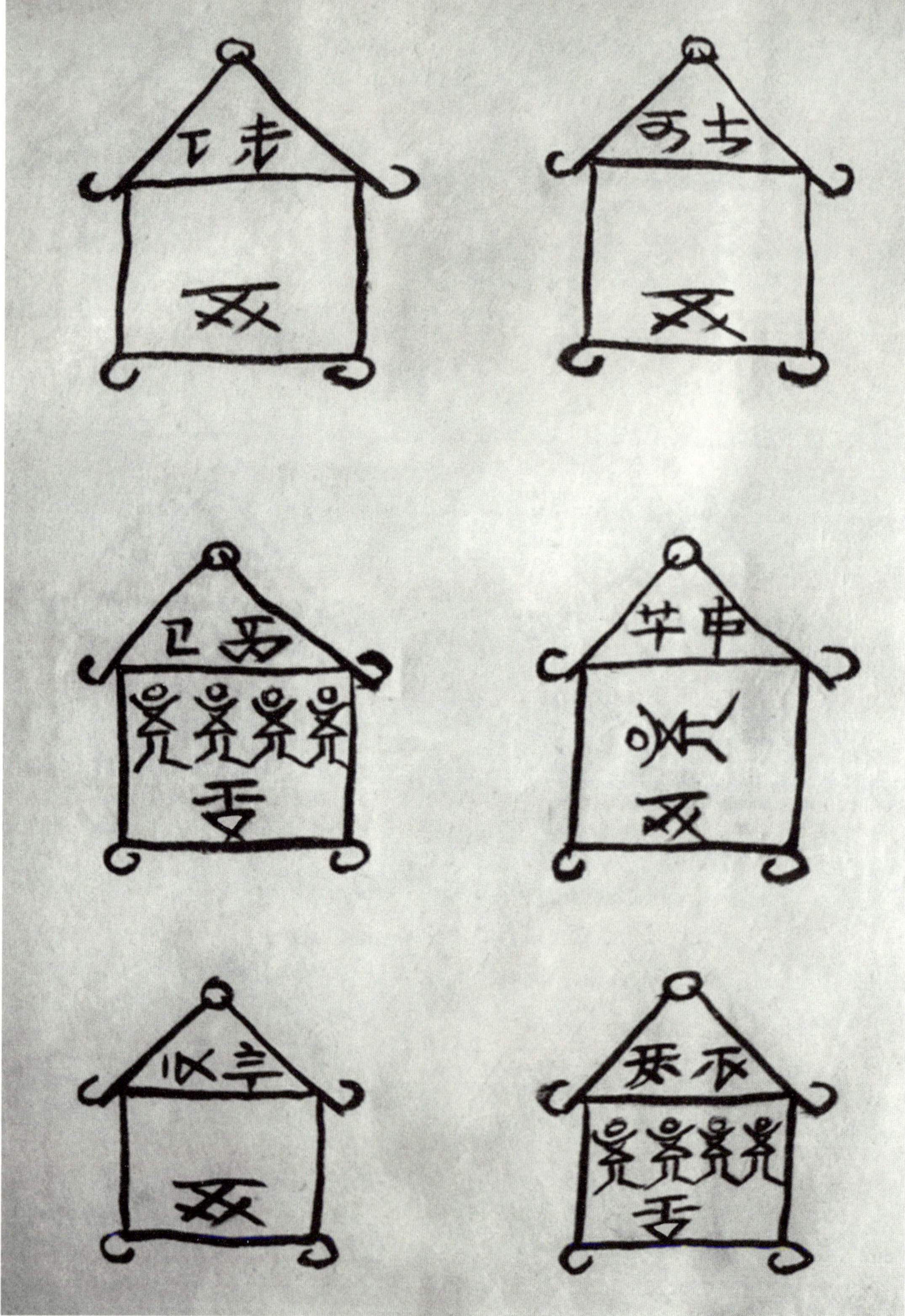

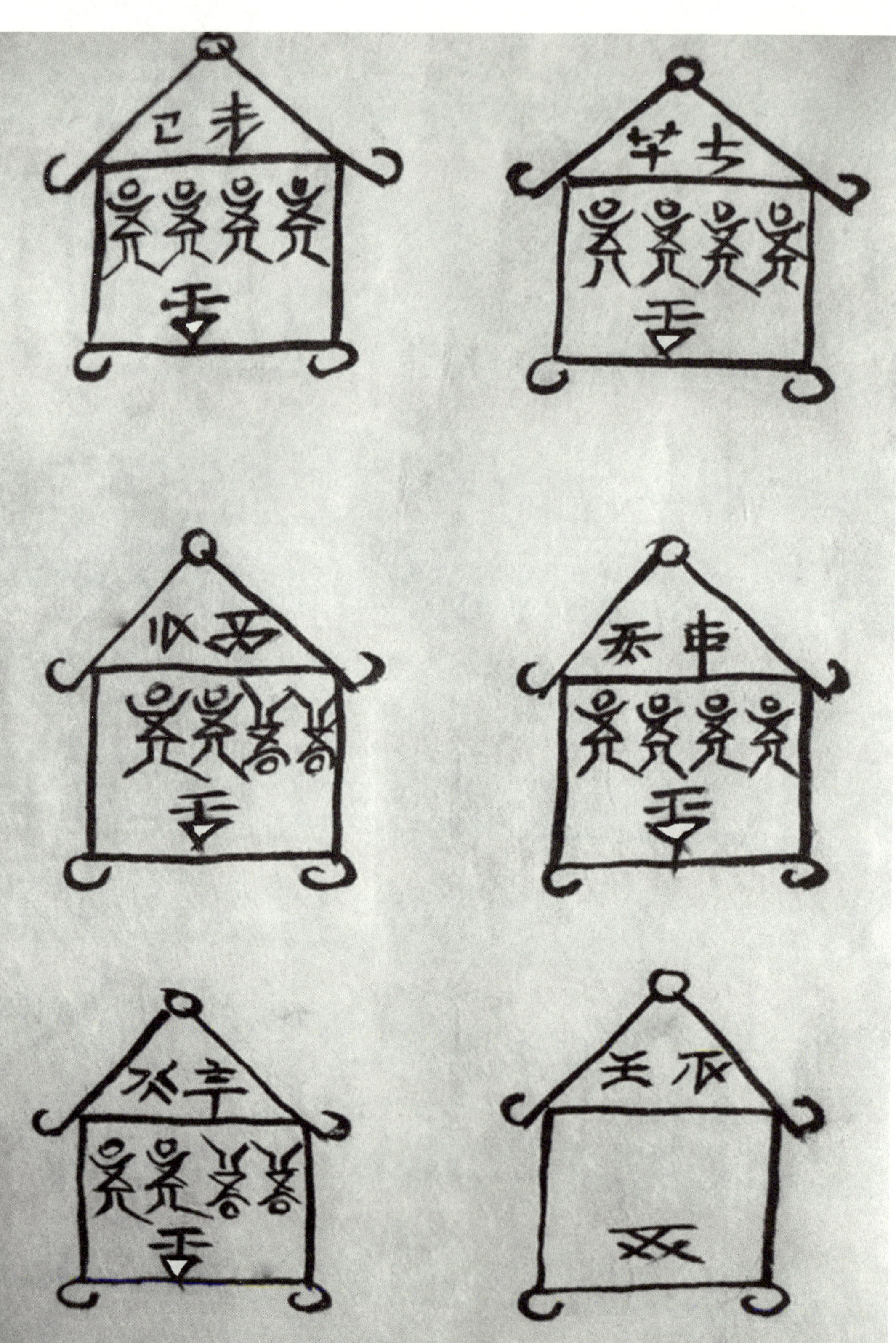

吉大造起數岁

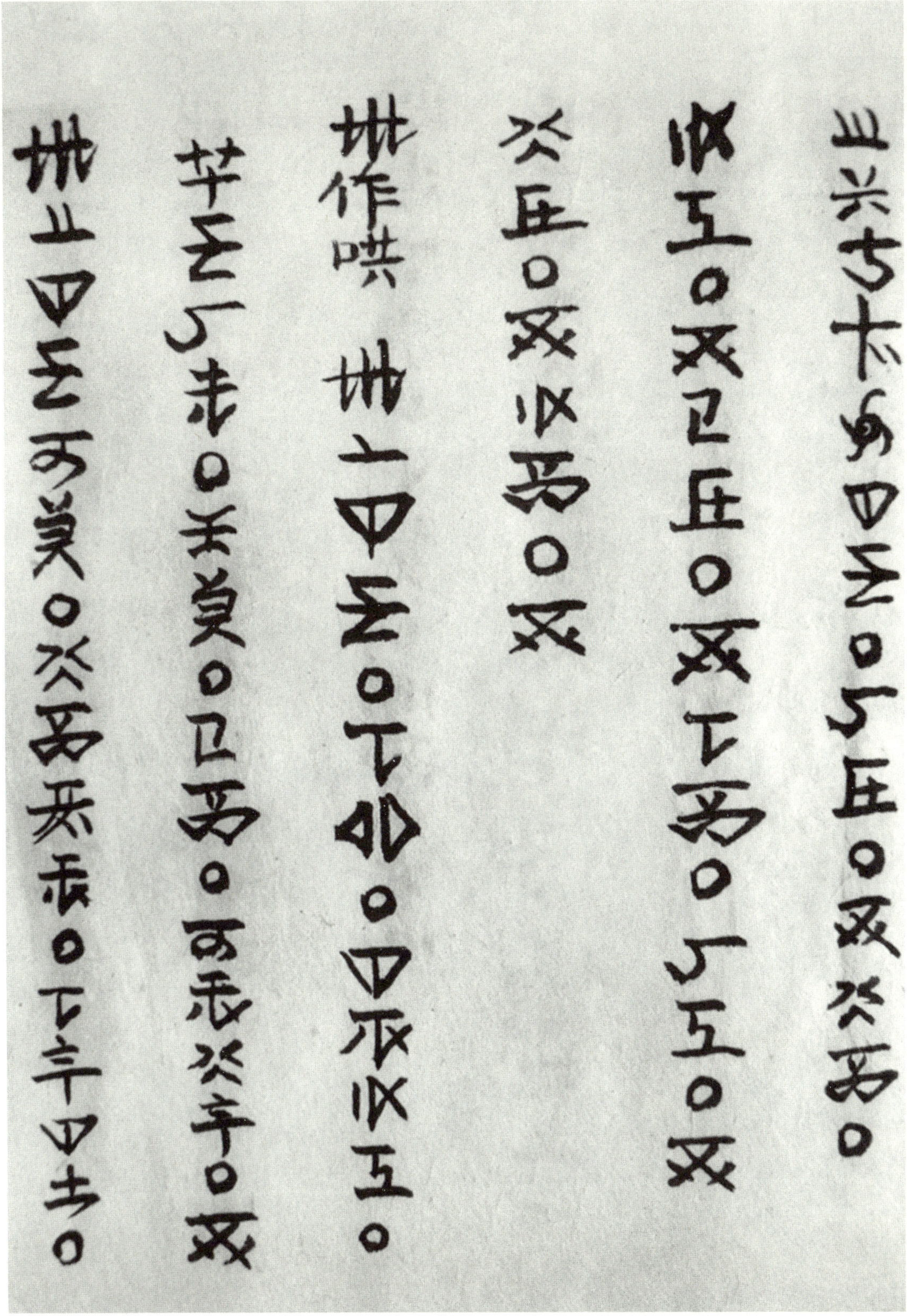

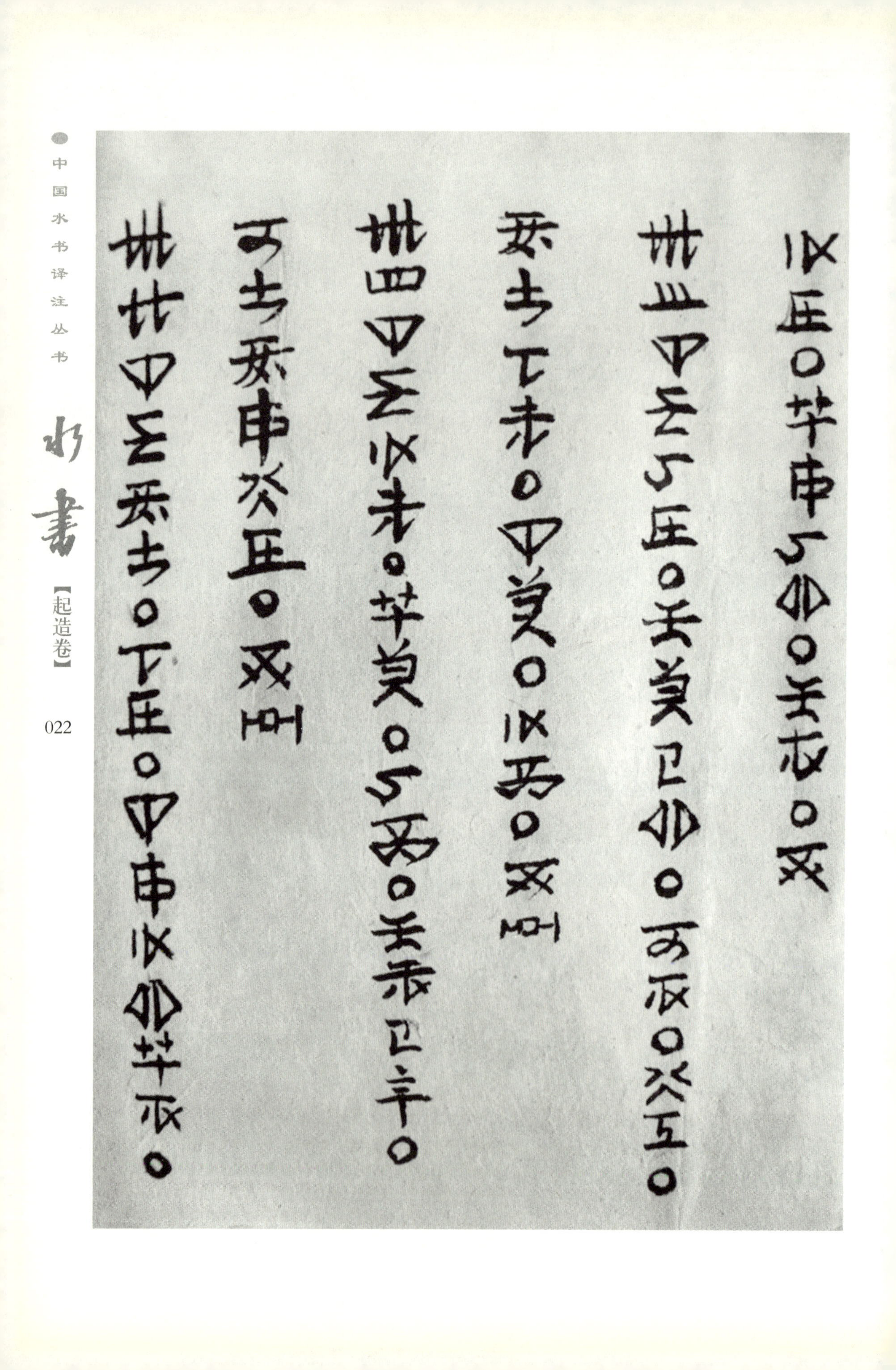

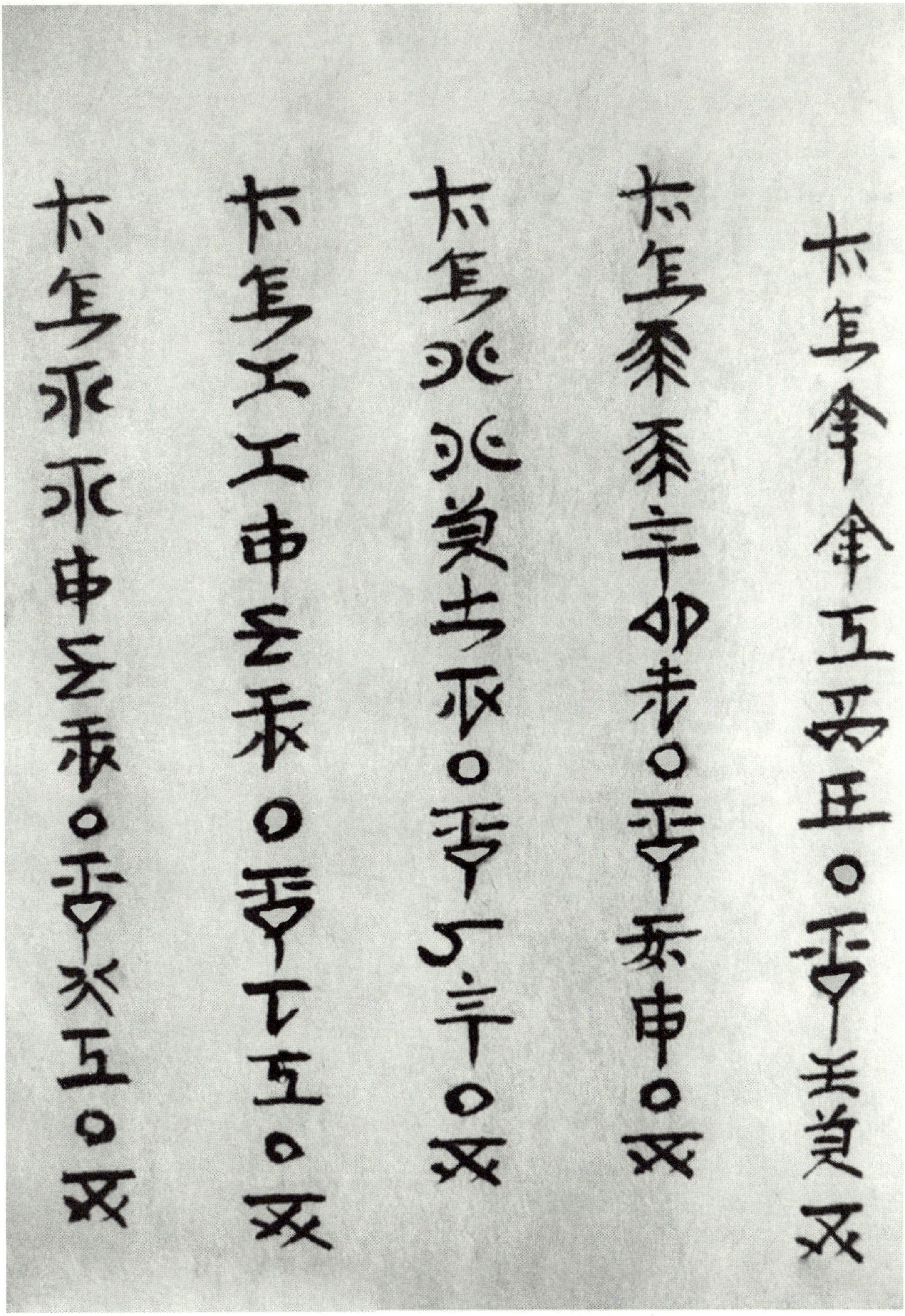

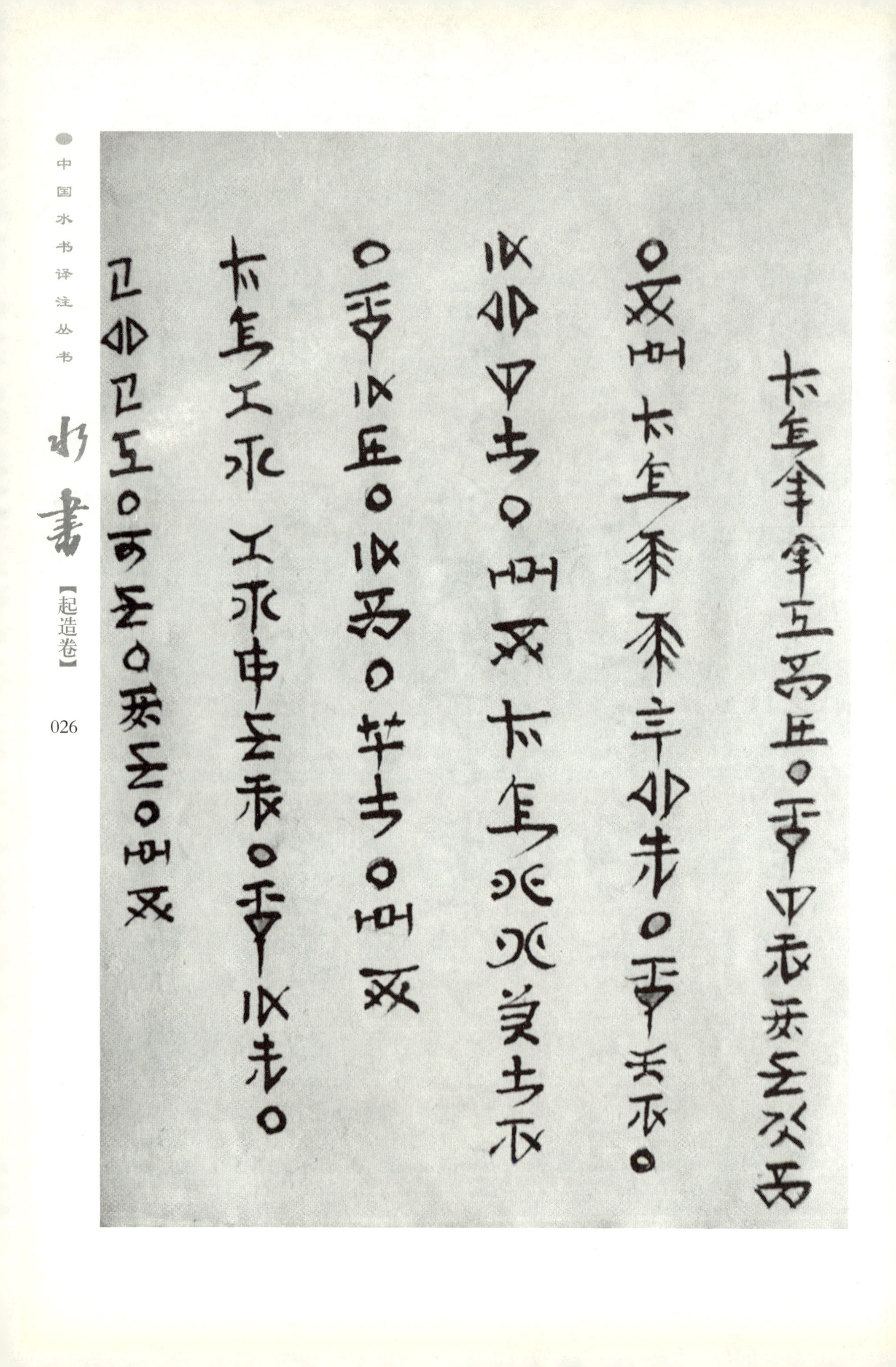

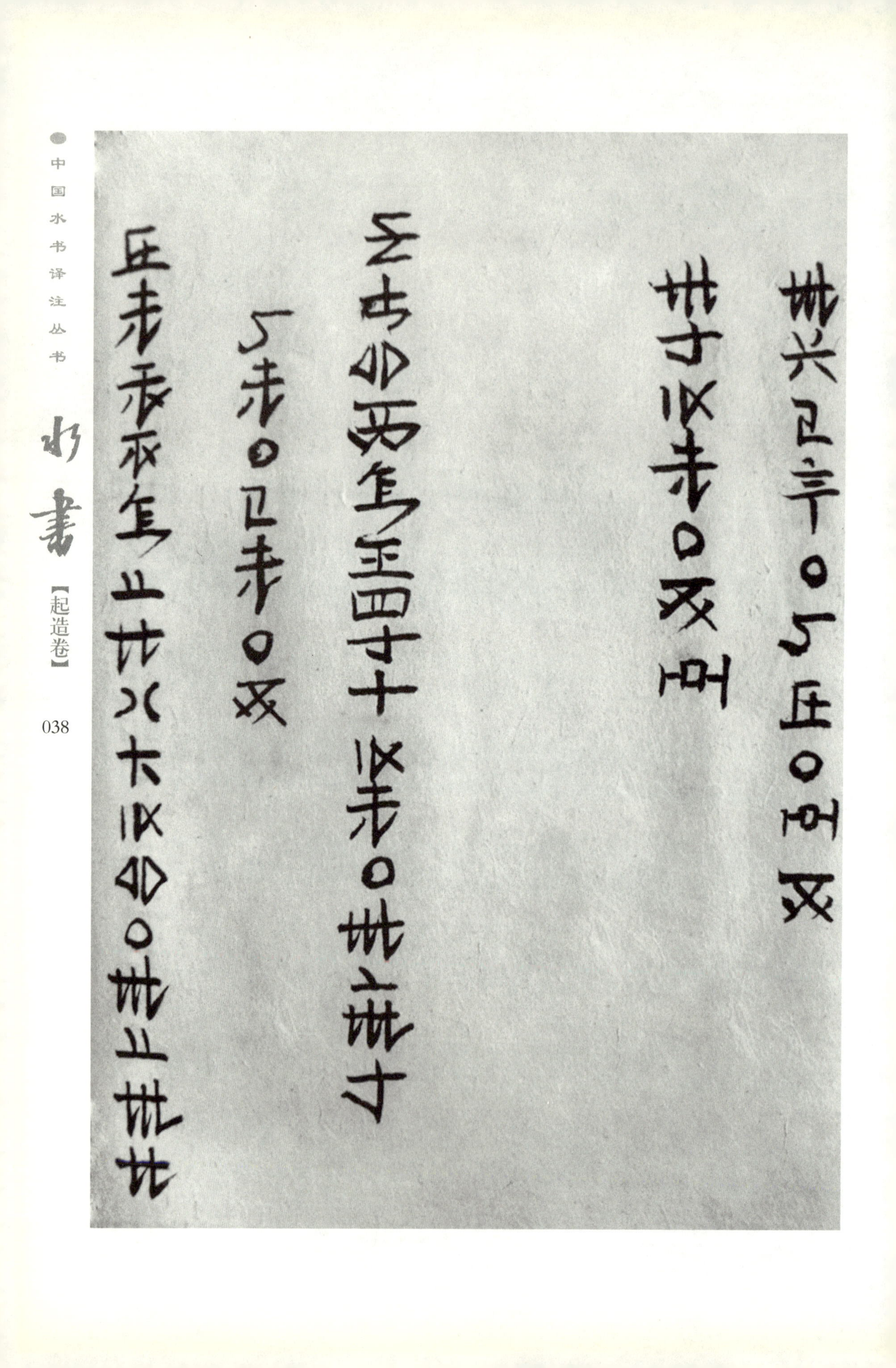

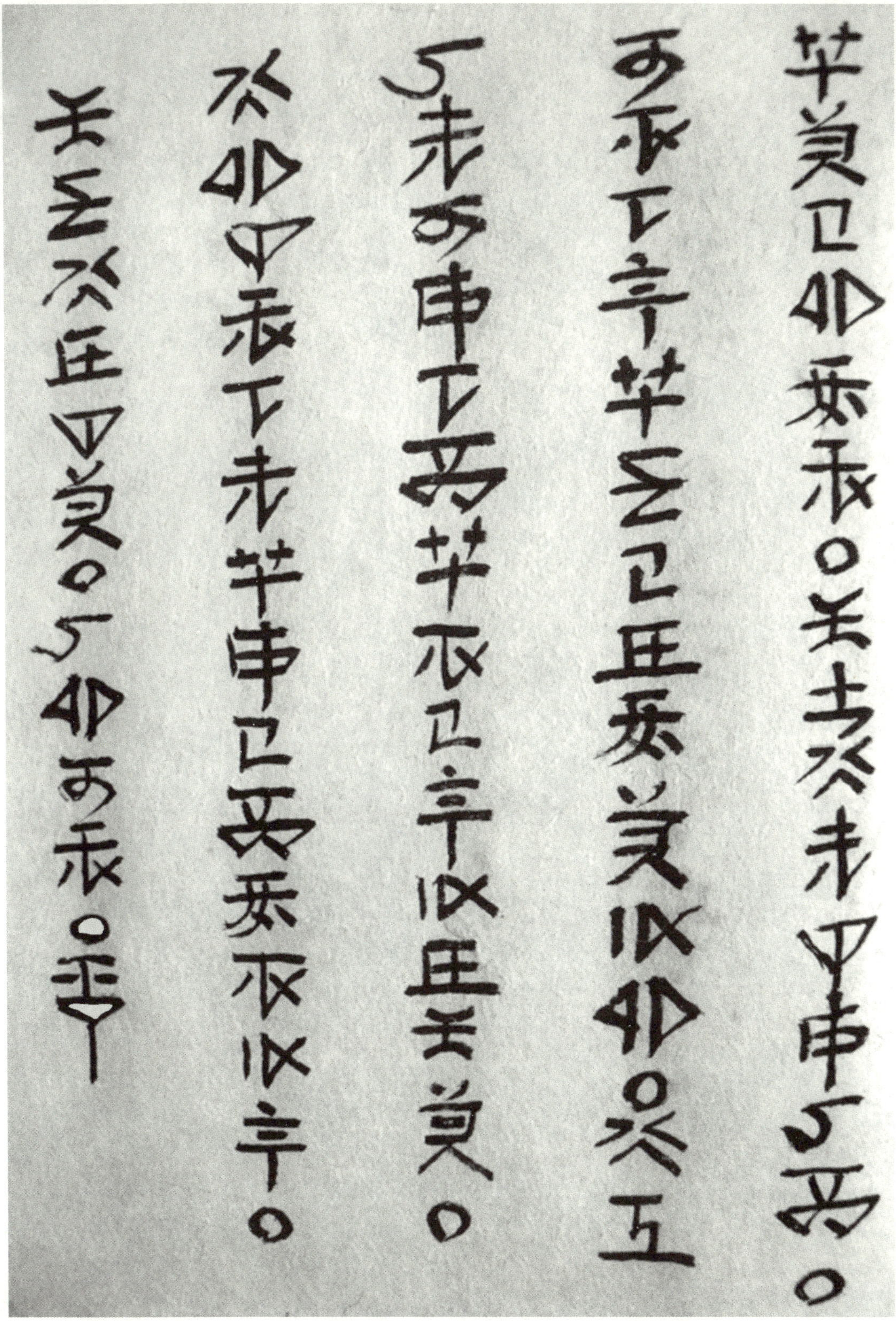

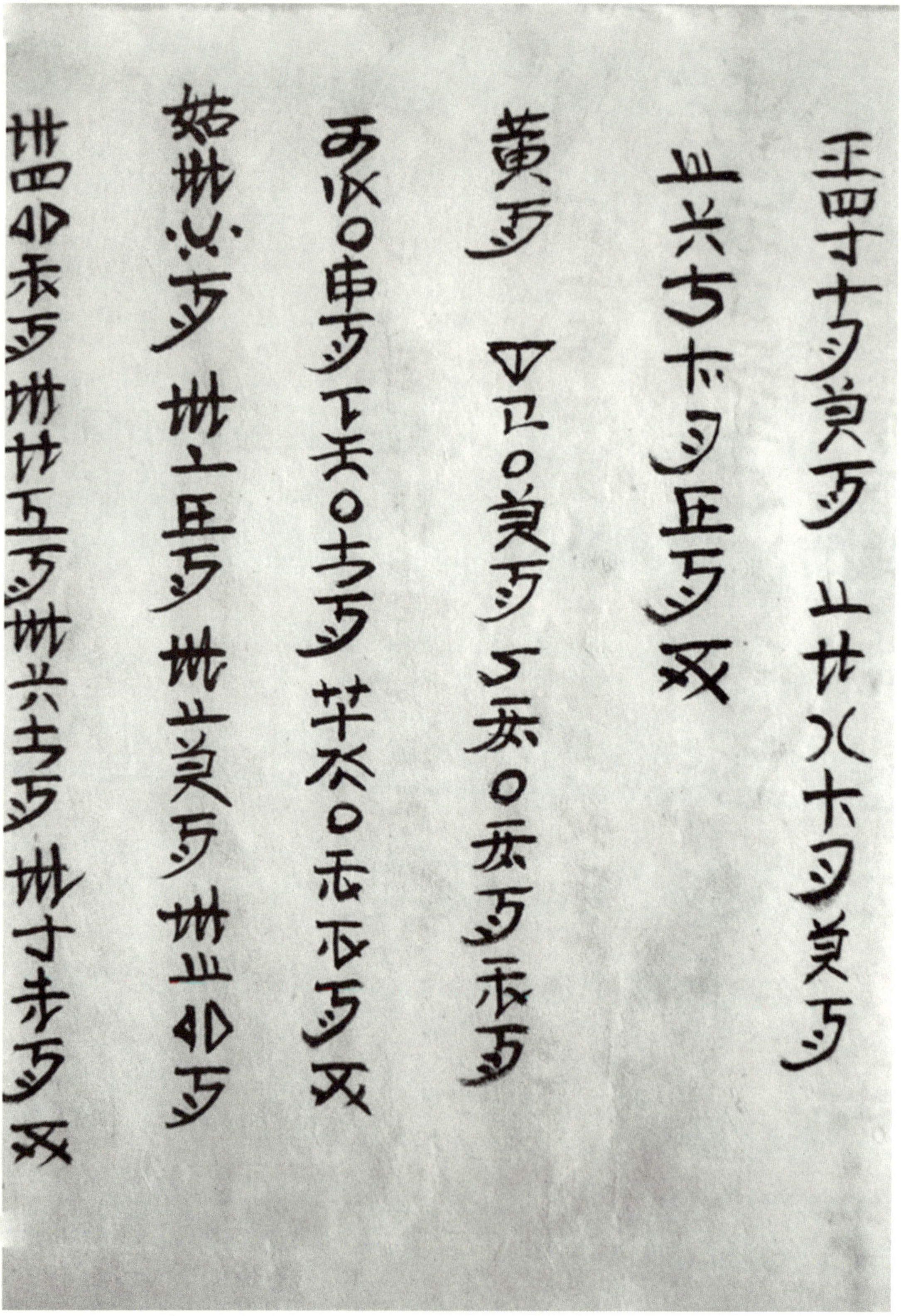

凤容时

倒把日

迁居

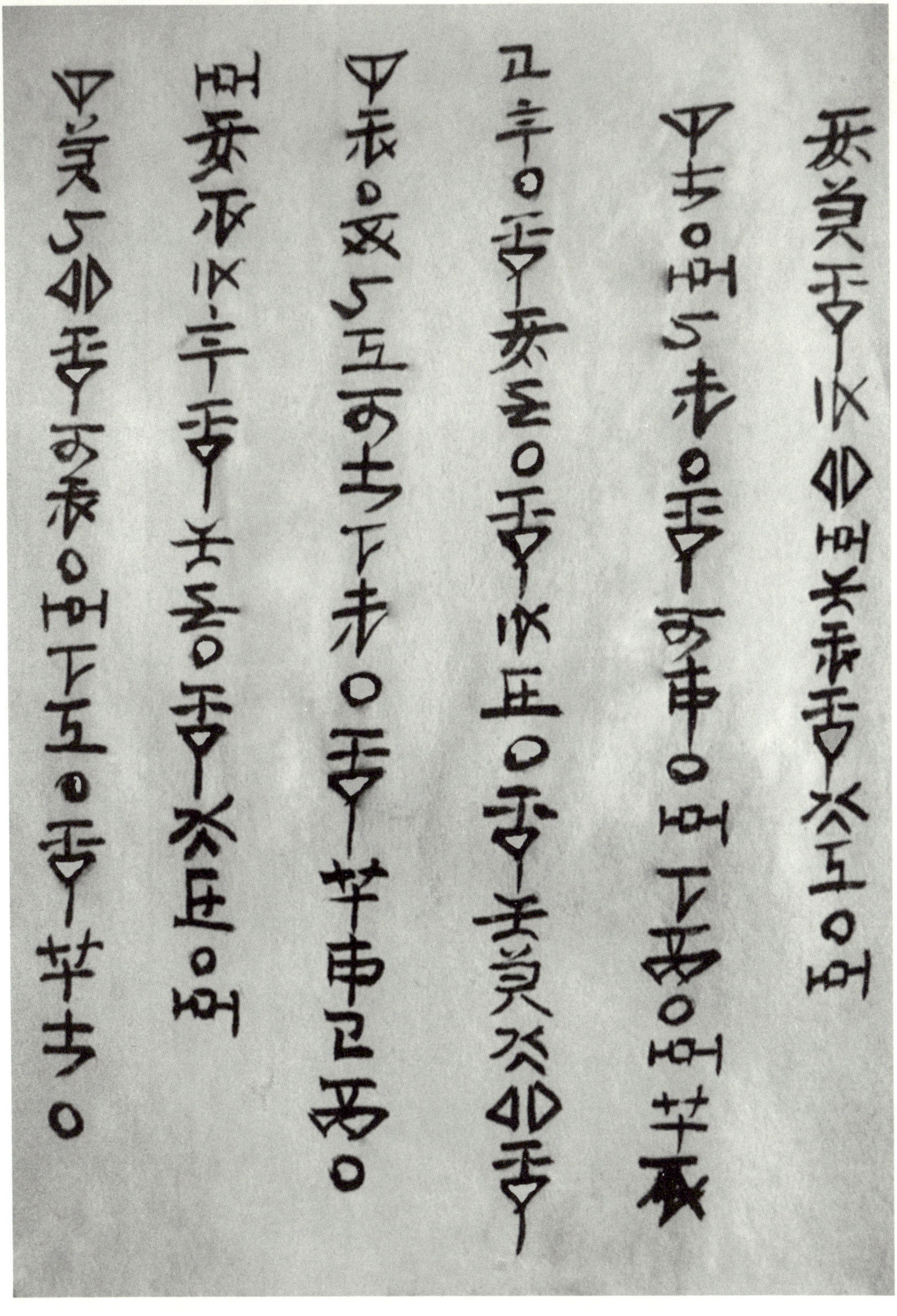

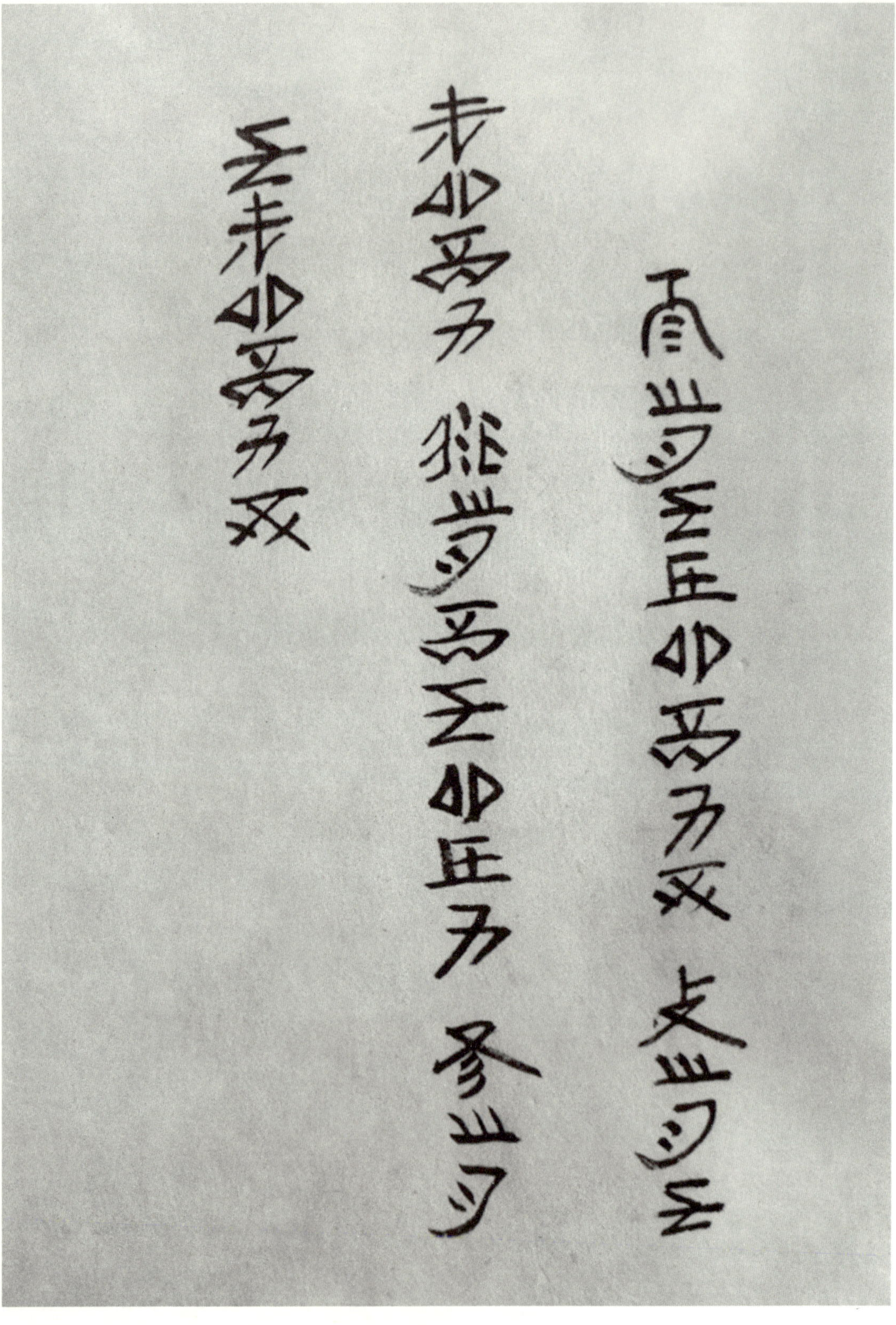

日书内容译注

略适备

原文:

注音:ʈa:p^7 hi^3 zən^1 zən^1 tsam^1 tsam^1 ɕoŋ^1

直译:甲 子 人 人 鬼 鬼 凶

意译:甲子日二人立二人倒,凶。

原文:

注音:ʔjit^7 su^3 zən^1 zən^1 zən^1 zən^1 ʈət^7

直译:乙 丑 人 人 人 人 吉

意译:乙丑日四人立,吉。

原文:

注音:pjeŋ^3 ji^2 zən^1 zən^1 zən^1 ʈit^7 ha:i^2

直译:丙 寅 人 人 人 病 棺

意译:丙寅日三人立一人病,死人,凶。

原文:

注音:tjeŋ^1 ma:u^4 zən^1 zən^1 tsam^1 tsam^1 ʈət^7

直译:丁 卯 人 人 鬼 鬼 吉

意译:丁卯日二人立二人倒,吉。

原文:

注音:mu^6 sən^2 zən^1 zən^1 zən^1 zən^1 ʈət^7

直译:戊 辰 人 人 人 人 吉

意译:戊辰日四人立,吉。

原文:

注音:ȶi^{1} çi^{4} zən^{1} zən^{1} zən^{1} zən^{1} ȶət^{7}

直译:己 巳 人 人 人 人 吉

意译:己巳日四人立,吉。

原文:

注音:qeŋ^{1} ŋo^{2} zən^{1} zən^{1} zən^{1} tsam^{1} ȶət^{7}

直译:庚 午 人 人 人 鬼 吉

意译:庚午日三人立一人倒,吉。

原文:

注音:çən^{1} mi^{6} zən^{1} zən^{1} zən^{1} zən^{1} ȶət^{7}

直译:辛 未 人 人 人 人 吉

意译:辛未日四人立,吉。

原文:

注音:ȵum^{2} sən^{1} zən^{1} zən^{1} tsam^{1} tsam^{1} ȶət^{7}

直译:壬 申 人 人 鬼 鬼 吉

意译:壬申日二人立二人倒,吉。

原文:

注音:ȶui^{5} ju^{4} zən^{1} zən^{1} zən^{1} tsam^{1} ȶət^{7}

直译:癸 酉 人 人 人 鬼 吉

意译:癸酉日三人立一人倒,吉。

原文:

注音:ȶa:p^{7} hət^{7} zən^{1} zən^{1} zən^{1} zən^{1} ȶət^{7}

直译:甲 戌 人 人 人 人 吉

意译:甲戌日四人立,吉。

原文:

注音:ʔjit^{7} ʁa:i^{3} zən^{1} zən^{1} zən^{1} tsam^{1} ţət^{7}

直译:乙 亥 人 人 人 鬼 吉

意译:乙亥日三人立,一人倒,吉。

原文:

注音:pjeŋ^{3} hi^{3} zən^{1} zən^{1} zən^{1} zən^{1} ţət^{7}

直译:丙 子 人 人 人 人 吉

意译:丙子日四人立,吉。

原文:

注音:tjeŋ^{1} su^{3} zən^{1} zən^{1} zən^{1} zən^{1} ţət^{7}

直译:丁 丑 人 人 人 人 吉

意译:丁丑日四人立,吉。

原文:

注音:mu^{6} ji^{2} zən^{1} zən^{1} zən^{1} tsam^{1} ɕoŋ^{1}

直译:戊 寅 人 人 人 鬼 凶

意译:戊寅日三人立一人倒,凶。

原文:

注音:ţi^{1} ma:u^{4} zən^{1} zən^{1} zən^{1} zən^{1} ţət^{7}

直译:己 卯 人 人 人 人 吉

意译:己卯日四人立,吉。

原文:

注音:qeŋ^{1} sən^{2} ţit^{7} ţit^{7} ɕoŋ^{1}

直译:庚 辰 病 病 凶

意译:庚辰日二人病,凶。

原文:
注音:ɕən^{1} ɕi^{4} zən^{1} zən^{1} zən^{1} zən^{1} ʈət^{7}
直译:辛 巳 人 人 人 人 吉
意译:辛巳日四人立,吉。

原文:
注音:ȵum^{2} ŋo^{2} zən^{1} zən^{1} zən^{1} tsam^{1} ʈət^{7}
直译:壬 午 人 人 人 鬼 吉
意译:壬午日三人立一人倒,吉。

原文:
注音:ʈui^{5} mi^{6} ɕoŋ^{1}
直译:癸 未 凶
意译:癸未日凶。

原文:
注音:ʈa:p^{7} sən^{1} zən^{1} zən^{1} zən^{1} zən^{1} ʈət^{7}
直译:甲 申 人 人 人 人 吉
意译:甲申日四人立,大吉。

原文:
注音:ʔjit^{7} ju^{4} zən^{1} zən^{1} zən^{1} tsam^{1} ɕoŋ^{1}
直译:乙 酉 人 人 人 鬼 凶
意译:乙酉日三人立一人倒,凶。

原文:
注音:pjeŋ^{3} hət^{7} zən^{1} zən^{1} zən^{1} tsam^{1} ɕoŋ^{1}
直译:丙 戌 人 人 人 鬼 凶
意译:丙戌日三人立一人倒,凶。

原文:

注音:tjeŋ^{1} ʁa:i^{3} zən^{1} zən^{1} zən^{1} zən^{1} ȶət^{7}

直译:丁 亥 人 人 人 人 吉

意译:丁亥日四人立,吉。

原文:

注音:mu^{6} hi^{3} zən^{1} tsam^{1} tsam^{1} tsam^{1} ɕoŋ^{1}

直译:戊 子 人 鬼 鬼 鬼 凶

意译:戊子日一人立三人倒,凶。

原文:

注音:ȶi^{1} su^{3} ɕoŋ^{1}

直译:己 丑 凶

意译:己丑日凶。

原文:

注音:qeŋ^{1} ji^{2} zən^{1} zən^{1} zən^{1} zən^{1} ȶət^{7}

直译:庚 寅 人 人 人 人 吉

意译:庚寅日四人立,吉。

原文:

注音:ɕən^{1} ma:u^{4} zən^{1} zən^{1} zən^{1} zən^{1} ȶət^{7}

直译:辛 卯 人 人 人 人 吉

意译:辛卯日四人立,吉。

原文:

注音:ȵum^{2} sən^{2} ȶit^{7} ɕoŋ^{1}

直译:壬 辰 病 凶

意译:壬辰日一人病倒,凶。

原文:

注音:ȶui^{5}　ɕi^{4}　ȶit^{7}　ɕoŋ^{1}

直译:癸　巳　病　凶

意译:癸巳日一人病倒,凶。

原文:

注音:ȶa:p^{7}　ŋo^{2}　ɕoŋ^{1}

直译:甲　午　凶

意译:甲午日凶。

原文:

注音:ʔjit^{7}　mi^{6}　zən^{1}　zən^{1}　zən^{1}　zən^{1}　ȶət^{7}

直译:乙　未　人　人　人　人　吉

意译:乙未日四人立,吉。

原文:

注音:pjeŋ^{3}　sən^{1}　ɕoŋ^{1}

直译:丙　申　凶

意译:丙申日凶。

原文:

注音:tjeŋ^{1}　ju^{4}　zən^{1}　zən^{1}　zən^{1}　zən^{1}　ȶət^{7}

直译:丁　酉　人　人　人　人　吉

意译:丁酉日四人立,吉。

原文:

注音:mu^{6}　hət^{7}　zən^{1}　zən^{1}　zən^{1}　tsam^{1}　ɕoŋ^{1}

直译:戊　戌　人　人　人　鬼　凶

意译:戊戌日三人立一人倒,凶。

原文:

注音:ȶi^{1} ʁa:i^{3} ȶit^{7} ɕoŋ^{1}

直译:己 亥 病 凶

意译:己亥日一人病,凶。

原文:

注音:qeŋ^{1} hi^{3} zən^{1} zən^{1} zən^{1} zən^{1} ȶət^{7}

直译:庚 子 人 人 人 人 吉

意译:庚子日四人立,吉。

原文:

注音:ɕən^{1} su^{3} zən^{1} zən^{1} tsam^{1} tsam^{1} ɕoŋ^{1}

直译:辛 丑 人 人 鬼 鬼 凶

意译:辛丑日二人立二人倒,凶。

原文:

注音:ȵum^{2} ji^{2} zən^{1} zən^{1} zən^{1} zən^{1} ȶət^{7}

直译:壬 寅 人 人 人 人 吉

意译:壬寅日四人立,吉。

原文:

注音:ȶui^{5} ma:u^{4} zən^{1} zən^{1} zən^{1} zən^{1} ȶət^{7}

直译:癸 卯 人 人 人 人 吉

意译:癸卯日四人立,吉。

原文:

注音:ȶa:p^{7} sən^{2} ȶit^{7} ɕoŋ^{1}

直译:甲 辰 病 凶

意译:甲辰日一人病,凶。

原文:

注音:ʔjit^{7} ɕi^{4} ȶit^{7} ɕoŋ^{1}

直译:乙 巳 病 凶

意译:乙巳日一人病,凶。

原文:

注音:pjeŋ^{3} ŋo^{2} ɕoŋ^{1}

直译:丙 午 凶

意译:丙午日凶。

原文:

注音:tjeŋ^{1} mi^{6} ɕoŋ^{1}

直译:丁 未 凶

意译:丁未日凶。

原文:

注音:mu^{6} sən^{1} ȶit^{7} ɕoŋ^{1}

直译:戊 申 病 凶

意译:戊申日一人病,凶。

原文:

注音:ȶi^{1} ɕi^{4} zən^{1} zən^{1} zən^{1} zən^{1} ȶət^{7}

直译:己 巳 人 人 人 人 吉

意译:己巳日四人立,吉。

原文:

注音:qeŋ^{1} hət^{7} zən^{1} zən^{1} zən^{1} zən^{1} ȶət^{7}

直译:庚 戌 人 人 人 人 吉

意译:庚戌日四人立,吉。

原文:

注音:ɕən^{1}　ʁa:i^{3}　ɕoŋ^{1}

直译:辛　亥　凶

意译:辛亥日凶。

原文:

注音:ȵum^{2}　hi^{3}　zən^{1}　zən^{1}　zən^{1}　zən^{1}　ȶət^{7}

直译:壬　子　人　人　人　人　吉

意译:壬子日四人立,吉。

原文:

注音:ȶui^{5}　su^{3}　ɕoŋ^{1}

直译:癸　丑　凶

意译:癸丑日凶。

原文:

注音:ȶa:p^{7}　ji^{2}　ȶit^{7}　ɕoŋ^{1}

直译:甲　寅　病　凶

意译:甲寅日一人病倒,凶。

原文:

注音:ʔjit^{7}　ma:u^{4}　zən^{1}　zən^{1}　zən^{1}　zən^{1}　ȶət^{7}

直译:乙　卯　人　人　人　人　吉

意译:乙卯日四人立,吉。

原文:

注音:pjeŋ^{3}　sən^{2}　zən^{1}　zən^{1}　zən^{1}　zən^{1}　ȶət^{7}

直译:丙　辰　人　人　人　人　吉

意译:丙辰日四人立,吉。

原文:
注音:tjeŋ^{1} ɕi^{4} zən^{1} zən^{1} zən^{1} zən^{1} ȶət^{7}
直译:丁 巳 人 人 人 人 吉
意译:丁巳日四人立,吉。

原文:
注音:mu^{6} ŋo^{2} zən^{1} zən^{1} zən^{1} zən^{1} ȶət^{7}
直译:戊 午 人 人 人 人 吉
意译:戊午日四人立,吉。

原文:
注音:ȶi^{1} mi^{6} zən^{1} zən^{1} zən^{1} zən^{1} ȶət^{7}
直译:己 未 人 人 人 人 吉
意译:己未日四人立,吉。

原文:
注音:qeŋ^{1} sən^{1} zən^{1} zən^{1} zən^{1} zən^{1} ȶət^{7}
直译:庚 申 人 人 人 人 吉
意译:庚申日四人立,吉。

原文:
注音:ɕən^{1} ju^{4} zən^{1} zən^{1} tsam^{1} tsam^{1} ȶət^{7}
直译:辛 酉 人 人 鬼 鬼 吉
意译:辛酉日二人立二人倒,吉。

原文:
注音:ȵum^{2} hət^{7} ɕoŋ^{1}
直译:壬 戌 凶
意译:壬戌日凶。

原文:

注音:ʈui^{5} ʁa:i^{3} zən^{1} zən^{1} tsam^{1} tsam^{1} ʈət^{7}

直译:癸 亥 人 人 鬼 鬼 吉

意译:癸亥日二人立二人倒,吉。

篇章意译

甲子日二人立二人倒,此日起造凶,不可用于造房。乙丑日四人立,吉,可用作立房。丙寅日三人立一人病,死人,凶,不可用于造房。丁卯日二人立二人倒,吉,可用于造房。戊辰日四人立,吉,可用于造房。己巳日四人立,吉,可用于造房。庚午日三人立一人倒,吉,可于用造房。辛未日四人立,吉,可用于造房。壬申日二人立二人倒,吉,可用于造房。癸酉日三人立一人倒,吉,可用于造房。甲戌日四人立,吉,能用于立房。乙亥日三人立一人倒,吉,可用于立房。丙子日四人立,吉,可用于立房。丁丑日四人立,吉,可用于立房。戊寅日三人立一人倒,凶,不可用于立房。己卯日四人立,吉,可用于立房。庚辰日二人病,凶,不可用于立房。辛巳日四人立,吉,可用于立房。壬午日三人立一人倒,吉,可用于立房。癸未日凶,不可用于立房。甲申日四人立大,吉,可用于立房。乙酉日三人立一人倒,凶,不可用于立房。丙戌日三人立一人倒,凶,不可用于立房。丁亥日四人立,吉,可用于立房。戊子日一人立三人倒,凶,不可用于立房。己丑日凶,不可用于立房。庚寅日四人立,吉,可用于立房。辛卯日四人立,吉,可用于立房。壬辰日一人病倒,凶,不可用于立房。癸巳日一人病倒,凶,不可用于立房。甲午日凶,不可用于立房。乙未日四人立,吉,可用于立房。丙申日凶,不可用于立房。丁酉日四人立,吉,可用于立房。戊戌日三人立一人倒,凶,不可用于立房。己亥日一人病,凶,不能用于立房。庚子日四人立,吉,可用于立房。辛丑日二人立二人倒,凶,不能用于立房。壬寅日四人立,吉,可用于立房。癸卯日四人立,吉,可用于立房。甲辰日一人病,凶,不可用于立房。乙巳日一人病,凶,不可用于立房。丙午日空房凶,不可用于立房。丁未日空房凶,不可用于立房。戊申日一人病,凶,不可用于立房。己巳日四人立,吉,可用于立房。庚戌日四人立吉,可用于立房。辛亥日空房凶,不可用于立房。壬子日四人立,吉,可用于立房。癸丑日空房凶,不可用于立房。甲寅日一人病倒,凶,不可用于立房。乙卯日四人立,吉,可用于立房。丙辰日四人立,吉,可用于立房。丁巳日四人立,吉,可用于立房。戊午日四人立,吉,可用于立房。己未日四人立,吉,可用于立房。庚申日四人立,吉,可用于立房。辛酉日二人立二人倒,吉,可用于立房。壬戌日空房凶,不可用于立房。 癸亥日二人立二人倒,吉,可用于立房。

说明

略适备,水语音译,意为六十吉凶日,是为水族起造择吉之用。“全立”的日子为起造上等吉日,二人立二人倒为“半吉”,为中等吉日也可以用,“空房”和“病倒”的日子不可用。

备航

原文：

注音：ʁa:i^{3} hi^{3} mbe^{1} ȶa:p^{7} ȵum^{2} mu^{6} ȶui^{5} mbe^{1} ta:i^{3} ȶət^{7}

直译：亥 子 年 甲 壬 戊 癸 年 大 吉

意译：亥年、子年生的人，甲年、戊年、壬年、癸年大吉。

原文：

注音：su^{3} ji^{2} mbe^{1} pjeŋ^{3} ɕən^{1} tjeŋ^{1} ȵum^{2} mu^{6} ȶui^{5} mbe^{1} ta:i^{3} ȶət^{7}

直译：丑 寅 年 丙 辛 丁 壬 戊 癸 年 大 吉

意译：丑年、寅年生的人，丙年、辛年、丁年、壬年、戊年、癸年大吉。

原文：

注音：ma:u^{4} sən^{2} mbe^{1} ʔjit^{7} pjeŋ^{3} qeŋ^{1} ɕən^{1} tjeŋ^{1} ȵum^{2} mbe^{1} ta:i^{3} ȶət^{7}

直译：卯 辰 年 乙 丙 庚 辛 丁 壬 年 大 吉

意译：卯年、辰年生的人，乙年、丙年、庚年、辛年、丁年、壬年大吉。

原文：

注音：ɕi^{4} ŋo^{2} mbe^{1} ȶa:p^{7} ʔjit^{7} pjeŋ^{3} ȶi^{1} qeŋ^{1} ɕən^{1} mbe^{1} ta:i^{3} ȶət^{7}

直译：巳 午 年 甲 乙 丙 己 庚 辛 年 大 吉

意译：巳年、午年生的人，甲年、乙年、丙年、己年、庚年、辛年大吉。

原文：

注音：mi^{6} sən^{1} mbe^{1} ȶa:p^{7} ȶi^{1} mu^{6} ʔjit^{7} qeŋ^{1} ȶui^{5} mbe^{1} ta:i^{3} ȶət^{7}

直译：未 申 年 甲 己 戊 乙 庚 癸 年 大 吉

意译：未年、申年生的人，甲年、己年、戊年、乙年、庚年、癸年大吉。

原文：

注音：ju^4 hət^7 mbe^1 ȶa:p^7 ȶi^1 mu^6 ʔjət^7 qeŋ^1 ȶui^5 mbe^1 ta:i^3 ȶət^7

直译：酉 戌 年 甲 己戊 乙 庚 癸 年 大 吉

意译：酉年、戌年生的人，甲年、己年、戊年、乙年、庚年、癸年大吉。

篇章意译

亥年、子年生的人，在甲年、戊年、壬年、癸年时起造大吉，丑年、寅年生的人，在丙年、丁年、辛年、壬年、戊年、癸年时起造大吉，卯年、辰年生的人，在乙年、丙年、庚年、辛年、丁年、壬年起造大吉，巳年、午年生的人，在甲年、己年、丙年、乙年、庚年、辛年时起造大吉，未年、申年生的人，在甲年、己年、戊年、乙年、庚年、癸年时起造大吉，酉年、戌年生的人，在甲年、己年、戊年、乙年、庚年、癸年时起造大吉。

说明

备航，水语音译，意为生年起造利岁，是指某人生于何年要在哪年起造才吉利。

姑备

原文：
注音：ȵi^{6} sup^{8} ɕi^{5} mbe^{1} ha:m^{1} sup^{8} ȵi^{6} mbe^{1} ta:i^{3} ʨət^{7}
直译：二 十 四 年 三 十 二 年 大 吉
意译：二十四岁和三十二岁起造大吉。

原文：
注音：ȵi^{6} sup^{8} ɕət^{7} mbe^{1} ha:m^{1} sup^{8} ɕət^{7} mbe^{1} ta:i^{3} ʨət^{7}
直译：二 十 七 年 三 十 七 年 大 吉
意译：二十七岁和三十七岁起造大吉。

原文：
注音：ɕi^{5} sup^{8} ȵi^{6} mbe^{1} ŋo^{4} sup^{8} ŋo^{4} mbe^{1} ta:i^{3} ʨət^{7}
直译：四 十 二 年 五 十 五 年 大 吉
意译：四十二岁和五十五岁起造大吉。

原文：
注音：ȵi^{6} sup^{8} ljok^{8} mbe^{1} ha:m^{1} sup^{8} ŋo^{4} mbe^{1} ta:i^{3} ʨət^{7}
直译：二 十 六 年 三 十 五 年 大 吉
意译：二十六岁和三十五岁起造大吉。

原文：
注音：ȵi^{6} sup^{8} ŋo^{4} mbe^{1} ɕi^{5} sup^{8} pa:t^{7} mbe^{1} ta:i^{3} ʨət^{7}
直译：二 十 五 年 四 十 八 年 大 吉
意译：二十五岁和四十八岁起造大吉。

原文:									
注音:ȵi^{6}	sup^{8}	ɕət^{7}	mbe^{1}	ɕi^{5}	sup^{8}	ɕət^{7}	mbe^{1}	ta:i^{3}	ţət^{7}
直译:二	十	七	年	四	十	七	年	大	吉

意译:二十七岁和四十七岁起造大吉。

篇章意译

二十四岁和三十二岁起造大吉,二十七岁和三十七岁起造大吉,四十二岁和五十五岁起造大吉,二十六岁和三十五岁起造大吉,二十五岁四十八岁起造大吉,二十七岁和四十七岁起造大吉。

说明

姑备,水语音译,意为岁数起造大吉,是按照以上相对应的岁数进行起房。

八本宫

原文:

注音:sən^{2} ɕi^{4} mbe^{1} sən^{2} ɕi^{4} van^{1} pa:t^{7} sʅ^{2} ȵan^{2} ʈət^{7}

直译:辰 巳 年 辰 巳 日 八生气 吉

意译:辰年、巳年辰日、巳日为八本宫,吉。

原文:

注音:hi^{3} van^{1} ʔjət^{7}sa:ŋ^{3}ʈhi^{5} ʈət^{7}

直译:子 日 一生气 吉

意译:辰年、巳年子日为一生气,吉。

原文:

注音:mi^{6} sən^{1} van^{1} ȵi^{6} thjen^{1} ji^{1} ʈət^{7}

直译:未 申 日 二天医 吉

意译:辰年、巳年未日、申日为二天医,吉。

原文:

注音:ma:u^{4} van^{1} ha:m^{1} foŋ^{2} ɕi^{3} ɕoŋ^{1}

直译:卯 日 三绝体 凶

意译:辰年、巳年卯日为三绝体,凶。

原文:

注音:ju^{4} van^{1} ɕi^{5} ɕot^{8} ha:i^{5} ɕoŋ^{1}

直译:酉 日 四游魂 凶

意译:辰年、巳年酉日为四游魂,凶。

原文:

注音:hət^{7}　ʁa:i^{3}　van^{1} ŋo^{4} foŋ^{2} ɕi^{3} ɕoŋ^{1}

直译:戌　亥　日　五逢鬼　凶

意译:辰年、巳年戌日、亥日为五逢鬼,凶。

原文:

注音:ŋo^{2}　van^{1} ljok^{8} fa^{3} tak^{7}　ʈət^{7}

直译:午　日　六福德　吉

意译:辰年、巳年午日为六福德,吉。

原文:

注音:su^{3}　ji^{2}　van^{1} ɕət^{7} qau^{1} ȵai^{3} ɕoŋ^{1}

直译:丑　寅　日　七绝命　凶

意译:辰年、巳年丑日、寅日为七绝命,凶。

原文:

注音:ŋo^{2}　mbe^{1}　ŋo^{2}　van^{1} pa:t^{7} sɿ^{2} ȵan^{2}　ʈət^{7}

直译:午　年　午　日　八本宫　吉

意译:午年午日为八本宫,吉。

原文:

注音:ma:u^{4} van^{1}　ʔjət^{7}sa:ŋ^{3}ʈhi^{5}　ʈət^{7}

直译:卯　日　一生气　吉

意译:午年卯日为一生气,吉。

原文:

注音:ju^{4}　van^{1}　ȵi^{6} thjen^{1} ji^{1}　ʈət^{7}

直译:酉　日　二天医　吉

意译:午年酉日为二天医,吉。

原文:

注音:hi^{3} van^{1} ha:m^{1} foŋ^{2} ɕi^{3} ɕoŋ^{1}

直译:子 日 三绝体 凶

意译:午年子日为三绝体,凶。

原文:

注音:mi^{6} sən^{1} van^{1} ɕi^{5} ɕot^{8} ha:i^{5} ɕoŋ^{1}

直译:未 申 日 四游魂 凶

意译:午年未日、申日为四游魂,凶。

原文:

注音:su^{3} ji^{2} van^{1} ŋo^{4} foŋ^{2} ɕi^{3} ɕoŋ^{1}

直译:丑 寅 日 五逢鬼 凶

意译:午年丑日、寅日为五逢鬼,凶。

原文:

注音:sən^{2} ɕi^{4} van^{1} ljok^{8} ʃa^{3} tak^{7} ȶət^{7}

直译:辰 巳 日 六福德 吉

意译:午年辰日、巳日为六福德,吉。

原文:

注音:hət^{7} ʁa:i^{3} van^{1} ɕət^{7} qau^{1} ȵai^{3} ɕoŋ^{1}

直译:戌 亥 日 七绝命 凶

意译:午年戌日、亥日为七绝命,凶。

原文:

注音:mi^{6} sən^{1} mbe^{1} mi^{6} sən^{1} van^{1} pa:t^{7} sɿ^{2} ȵan^{2} ȶət^{7}

直译:未 申 年 未 申 日 八本宫 吉

意译:未年、申年未日、申日为八本宫,吉。

原文:

注音:su^{3} ji^{2} van^{1} ʔjət^{7}sa:ŋ^{3}ȶhi^{5} ȶət^{7}

直译:丑 寅 日 一生气 吉

意译:未年、申年丑日、寅日为一生气,吉。

原文:

注音:sən^{2} ɕi^{4} van^{1} ȵi^{6} thjen^{1} ji^{1} ȶət^{7}

直译:辰 巳 日 二天医 吉

意译:未年、申年辰日、巳日为二天医,吉。

原文:

注音:hət^{7} ʁa:i^{3} van^{1} ha:m^{1} foŋ^{2} ɕi^{3} ɕoŋ^{1}

直译:戌 亥 日 三绝体 凶

意译:未年、申年戌日、亥日为三绝体,凶。

原文:

注音:ŋo^{2} van^{1} ɕi^{5} ɕot^{8} ha:i^{5} ɕoŋ^{1}

直译:午 日 四游魂 凶

意译:未年、申年午日为四游魂,凶。

原文:

注音:ma:u^{4} van^{1} ŋo^{4} foŋ^{2} ɕi^{3} ɕoŋ^{1}

直译:卯 日 五逢鬼 凶

意译:未年、申年卯日为五逢鬼,凶。

原文:

注音:ju^{4} van^{1} ljok^{8} fa^{3} tak^{7} ȶət^{7}

直译:酉 日 六福德 吉

意译:未年、申年酉日为六福德,吉。

原文:
注音:hi^{3} van^{1} ɕət^{7} qau^{1} ȵai^{3} ɕoŋ^{1}
直译:子 日 七绝命 凶
意译:未年、申年子日为七绝命,凶。

原文:
注音:ju^{4} mbe^{1} ju^{4} van^{1} pa:t^{7} sʅ^{2} ȵan^{2} ƫət^{7}
直译:酉 年 酉 日 八本宫 吉
意译:酉年酉日为八本宫,吉。

原文:
注音:hət^{7} ʁa:i^{3} van^{1} ʔjət^{7}sa:ŋ^{3}ƫhi^{5} ƫət^{7}
直译:戌 亥 日 一生气 吉
意译:酉年戌日、亥日为一生气,吉。

原文:
注音:ŋo^{2} van^{1} ȵi^{6} thjen^{1} ji^{1} ƫət^{7}
直译:午 日 二天医 吉
意译:酉年午日为二天医,吉。

原文:
注音:su^{3} ji^{2} van^{1} ha:m^{1} foŋ^{2} ɕi^{3} ɕoŋ^{1}
直译:丑 寅 日 三绝体 凶
意译:酉年丑日、寅日为三绝体,凶。

原文:
注音:sən^{2} ɕi^{4} van^{1} ɕi^{5} ɕot^{8} ha:i^{5} ɕoŋ^{1}
直译:辰 巳 日 四游魂 凶
意译:酉年辰日、巳日为四游魂,凶。

原文:

注音:hi^{3} van^{1} ŋo^{4} foŋ^{2} ɕi^{3} ɕoŋ^{1}

直译:子 日 五逢鬼 凶

意译:酉年子日为五逢鬼,凶。

原文:

注音:mi^{6} sən^{1} van^{1} ljok^{8} fa^{3} tak^{7} ȶət^{7}

直译:未 申 日 六福德 吉

意译:酉年未日、申日为六福德,吉。

原文:

注音:ma:u^{4} van^{1} ɕət^{7} qau^{1} ȵai^{3} ɕoŋ^{1}

直译:卯 日 七绝命 凶

意译:酉年卯日为七绝命,凶。

原文:

注音:hət^{7} ʁa:i^{3} mbe^{1} hət^{7} ʁa:i^{3} van^{1} pa:t^{7} sʅ^{2} ȵan^{2} ȶət^{7}

直译:戌 亥 年 戌 亥 日 八本宫 吉

意译:戌年、亥年戌日、亥日为八本宫,吉。

原文:

注音:ju^{4} van^{1} ʔjət^{7}sa:ŋ^{3}ȶhi^{5} ȶət^{7}

直译:酉 日 一生气 吉

意译:戌年、亥年酉日为一生气,吉。

原文:

注音:ma:u^{4} van^{1} ȵi^{6} thjen^{1} ji^{1} ȶət^{7}

直译:卯 日 二天医 吉

意译:戌年、亥年卯日为二天医,吉。

原文:

注音:mi^{6} sən^{1} van^{1} ha:m^{1} foŋ^{2} ɕi^{3} ɕoŋ^{1}

直译:未 申 日 三绝体 凶

意译:戌年、亥年未日、申日为三绝体,凶。

原文:

注音:hi^{3} van^{1} ɕi^{5} ɕot^{8} ha:i^{5} ɕoŋ^{1}

直译:子 日 四游魂 凶

意译:戌年、亥年子日为四游魂,凶。

原文:

注音:sən^{2} ɕi^{4} van^{1} ŋo^{4} foŋ^{2} ɕi^{3} ɕoŋ^{1}

直译:辰 巳 日 五逢鬼 凶

意译:戌年、亥年辰日、巳日为五逢鬼,凶。

原文:

注音:su^{3} ji^{2} van^{1} ljok^{4} fa^{3} tak^{7} ţət^{7}

直译:丑 寅 日 六福德 吉

意译:戌年、亥年丑日、寅日为六福德,吉。

原文:

注音:ŋo^{2} van^{1} ɕət^{7} qau^{1} ȵai^{3} ɕoŋ^{1}

直译:午 日 七绝命 凶

意译:午年、亥年午日为七绝命,凶。

篇章意译

辰年、巳年辰日、巳日为八本宫,吉。辰年、巳年子日为一生气,吉。辰年、巳年未日、申日为二天医,吉。辰年、巳年卯日为三绝体,凶。辰年、巳年酉日为四游魂，凶。辰年、巳年戌日、亥日为五逢鬼，凶。辰年、巳年午日为六福德，吉。辰年、巳年丑日、寅日为七绝命，凶。午年午日为八本宫，吉。午年卯日为一生气，吉。午年酉日为二天医，吉。午年子日为三绝体，凶。午年未日、申日为四游魂，凶。午年丑日、寅日为五逢鬼，凶。午年辰日、巳日为六福德，吉。午年戌日、亥日为七绝命，凶。未年、申年未日、申日为八本宫，吉。未年、申年丑日、寅日为一生气，吉。未年、申年辰日、巳日为二天医，吉。未年、申年戌日、亥日为三绝体，凶。未年、申年午日为四游魂，凶。未年、申年卯日为五逢鬼，凶。未年、申年酉日为六福德，吉。未年、申年子日为七绝命，凶。酉年酉日为八本宫，吉。酉年戌日、亥日为一生气，吉。酉年午日为二天医，吉。酉年丑日、寅日为三绝体，凶。酉年辰日、巳日为四游魂，凶。酉年子日为五逢鬼，凶。酉年未日、申日为六福德，吉。酉年卯日为七绝命，凶。戌年、亥年戌日、亥日为八本宫，吉。戌年、亥年酉日为一生气，吉。戌年、亥年卯日为二天医，吉。戌年、亥年未日、申日为三绝体，凶。戌年、亥年子日为四游魂，凶。戌年、亥年辰日、巳日为五逢鬼，凶。戌年、亥年丑日、寅日为六福德，吉。午年、亥年午日为七绝命，凶。

说明

以上为八本宫起造吉凶，用于起造择吉之用，看十二地支中哪日吉凶，吉日可用于起造，凶日忌用于起造。

作哄(一)

原文：上线 天罡
注音：hi^{3} ŋo^{2} ma:u^{4} ju^{4} mbe^{1} su^{3} shang^{1}xian^{1} ji^{2} thjen^{1}qa:ŋ^{1}
直译：子 午 卯 酉 年 丑 上线 寅 天罡
意译：子年、午年、卯年、酉年丑日为上线，寅日为天罡，吉。

原文：
注音：ma:u^{4} ta:i^{1}ʔjət^{7} sən^{2} zso$^{\text{ŋ}3}$ho$^{\text{ŋ}5}$ ɕoŋ^{1} ha:i^{2}
直译：卯 大引 辰 作哄 凶 棺
意译：卯日为大引，辰日为作哄，凶。

原文：
注音：ɕi^{4} tso$^{\text{ŋ}3}$hoi^{1} ŋo^{2} ho^{1}ha:i^{1} mi^{6} ɲui^{3}ɕi^{3} sən^{1} ta:ŋ^{1}mjan^{1}
直译：巳 中货 午 祸害 未 奴希 申 堂明
意译：巳日为中货，午日为祸害，未日为奴希，申日为堂明，凶。

原文：上线 天罡
注音：ju^{4} shang^{1}xian^{1} hət^{7} thjen^{1}qa:ŋ^{1} ʁa:i^{3} zso$^{\text{ŋ}3}$ho$^{\text{ŋ}5}$ hi^{3} ha:i^{2} ɕoŋ^{1}
直译：酉 上线 戌 天罡 亥 作哄 子 棺 凶
意译：酉日为上线，戌日为天罡，吉。亥日为作哄，子日死人，凶。

原文：上线 天罡
注音：su^{3} mi^{6} sən^{2} hət^{7} mbe^{1} ji^{2} shang^{1}xian^{1} ma:u^{4} thjen^{1}qa:ŋ^{1}
直译：丑 未 辰 戌 年 寅 上线 卯 天罡
意译：丑年、未年、辰年、戌年寅日为上线，卯日为天罡，吉。

原文：

注音：sən^{2} ta:i^{3}ʔjət^{7} ɕi^{4} zso^{ŋ3} ho^{ŋ5} ɕoŋ^{1} ŋo^{2} tso^{ŋ3} hoi^{1}

直译：辰 大引 巳 作哄 凶 午 中货

意译：辰日为大引，巳日为作哄，午日为中货，凶。

原文：上线

注音：mi^{6} ho^{1}ha:i^{1} sən^{1} ȵui^{3} ɕi^{3} ju^{4} ta:ŋ^{1}mjan^{1} hət^{7} shang^{1}xian^{1}

直译：未 祸害 申 奴希 酉 堂明 戌 上线

意译：未日为祸害，申日为奴希，酉日为堂明，戌日为上线，凶。

原文：天罡

注音：ʁa:i^{3} thjen^{1}qa:ŋ^{1} hi^{3} zso^{ŋ3} ho^{ŋ5} ɕoŋ^{1} su^{3} ha:i^{2} ɕoŋ^{1}

直译：亥 天罡 子 作哄 凶 丑 棺 凶

意译：亥日为天罡，吉。子日为作哄，凶。丑日死人，凶。

原文：上线 天罡

注音：ji^{2} sən^{1} ɕi^{4} ʁa:i^{3} mbe^{1} ma:u^{4} shang^{1}xian^{1} sən^{2} thjen^{1}qa:ŋ^{1} ȶət^{7}

直译：寅 申 巳 亥 年 卯 上线 辰 天罡 吉

意译：寅年、申年、巳年、亥年卯日为上线，辰日为天罡，吉。

原文：

注音：ɕi^{4} ta:i^{3}ʔjət^{7} ȶət^{7} ŋo^{2} zso^{ŋ3} ho^{ŋ5} ɕoŋ^{1} mi^{6} tso^{ŋ3} hoi^{1}

直译：巳 大引 吉 午 作哄 凶 未 中货

意译：巳日为大引，吉。午日为作哄，凶。未日为中货，凶。

原文：上线

注音：sən^{1} ho^{1}ha:i^{1} ju^{4} ȵui^{3} ɕi^{3} hət^{7} ta:ŋ^{1}mjan^{1} ʁa:i^{3} shang^{1}xian^{1}

直译：申 祸害 酉 奴希 戌 堂明 亥 上线

意译：申日为祸害，酉日为奴希，戌日为堂明，亥日为上线，凶。

原文：天罡

注音：hi^{3} thjen^{1}qa:ŋ^{1} su^{3} zso^{ŋ3} ho^{ŋ5} ɕoŋ^{1} ji^{2} ha:i^{2} tso^{ŋ3} hoi^{1} ɕoŋ^{1}

直译：子 天罡 丑 作哄 凶 寅 棺 中货 凶

意译：子日为天罡，吉。丑日为作哄，凶。寅日死人，为中货，凶。

篇章意译

子年、午年、卯年、酉年丑日为上线，寅日为天罡，吉。卯日为大引，辰日为作哄，凶。巳日为中货，午日为祸害，未日为奴希，申日为堂明，凶。酉日为上线，戌日为天罡，吉。亥日为作哄，子日死人，凶。丑年、未年、辰年、戌年寅日为上线，卯日为天罡，吉。辰日为大引，巳日为作哄，午日为中货，凶。未日为祸害，申日为奴希，酉日为堂明，戌日为上线，凶。亥日为天罡，吉。子日为作哄，凶。丑日死人，凶。寅年、申年、巳年、亥年卯日为上线，辰日为天罡，吉。巳日为大引，吉。午日为作哄，凶。未日为中货，凶。申日为祸害，酉日为奴希，戌日为堂明，亥日为上线，凶。子日为天罡，吉。丑日为作哄，凶。寅日死人，为中货，凶。

说明

作哄，为水书条目名称，是一种让人染病的恶鬼。起造忌用作哄日。

作哄(二)

原文:

注音:tsjeŋ^{1} ɕi^{5} ɕət^{7} sup^{8} tha:m^{1} ȶa:p^{7} hi^{3} van^{1}

直译:正 四 七 十 贪 甲 子 日

意译:正月、四月、七月、十月贪星甲子日。

原文:

注音:tjeŋ^{1} ma:u^{4} van^{1} ʔjit^{7} ʁa:i^{3} van^{1}

直译:丁 卯 日 乙 亥 日

意译:丁卯日、乙亥日为作哄,凶。

原文:

注音:ȶui^{5} mi^{6} van^{1} ɕən^{1} ma:u^{4} van^{1} ȶi^{1} ʁa:i^{3} van^{1}

直译:癸 未 日 辛 卯 日 己 亥 日

意译:癸未日、辛卯日、己亥日凶。

原文:

注音:tjeŋ^{1} mi^{6} van^{1} ʔjit^{7} ma:u^{4} van^{1} ȶui^{5} ʁa:i^{3} van^{1} ɕoŋ^{1}

直译:丁 未 日 乙 卯 日 癸 亥 日 凶

意译:丁未日、乙卯日、癸亥日凶。

原文:

注音:ȵi^{5} ŋo^{4} pa:t^{7} sup^{8}ʔjət^{7} fan^{6} ȶa:p^{7} hi^{3} van^{1}

直译:二 五 八 十一 文 甲 子 日

意译:二月、五月、八月、十一月文星甲子日凶。

原文:

注音:pjeŋ^{3} ji^{2} van^{1} ȶa:p^{7} hət^{7} van^{1} ȵum^{2} ŋo^{2} van^{1} ɕoŋ^{1}

直译:丙 寅 日 甲 戌 日 壬 午 日 凶

意译:丙寅日、甲戌日、壬午日凶。

原文:

注音:ȵum^{2} ŋo^{2} qeŋ^{1} ji^{2} van^{1} mu^{6} hət^{7} van^{1}

直译:壬 午 庚 寅 日 戊 戌 日

意译:壬午日、庚寅日、戊戌日凶。

原文:

注音:pjeŋ^{3} ŋo^{2} van^{1} ȶa:p^{7} ji^{2} van^{1} ȵum^{2} hət^{7} van^{1} ɕoŋ^{1}

直译:丙 午 日 甲 寅 日 壬 戌 日 凶

意译:丙午日、甲寅日、壬戌日为作哄,凶。

原文:

注音:ha:m^{1} ljok^{8} ȶu^{3} sup^{8}ȵi^{5} pho^{5} ȶa:p^{7} hi^{3} ʔjit^{7} su^{3} van^{1} ɕoŋ^{1}

直译:三 六 九 十二 破 甲 子 乙 丑 日 凶

意译:三月、六月、九月、十二月破星甲子日、乙丑日凶。

原文:

注音:ȶui^{5} ju^{4} ɕən^{1} ɕi^{4} van^{1} ɕoŋ^{1} ȶi^{1} su^{3} van^{1} ɕoŋ^{1}

直译:癸 酉 辛 巳 日 凶 己 丑 日 凶

意译:癸酉日、辛巳日、己丑日凶。

原文:

注音:tjeŋ^{1} ju^{4} ʔjit^{7} ɕi^{4} van^{1} ɕoŋ^{1}

直译:丁 酉 乙 巳 日 凶

意译:丁酉日、乙巳日凶。

原文:

注音:ʈui^{5}　su^{3}　van^{1}　ɕoŋ^{1}　ɕən^{1}　ju^{4}　van^{1}　ɕoŋ^{1}

直译:癸　丑　日　凶　辛　酉　日　凶

意译:癸丑日、辛酉日凶。

篇章意译

正月、四月、七月、十月贪星甲子日、丁卯日、乙亥日为作哄,凶。癸未日、辛卯日、己亥日、丁未日、乙卯日、癸亥日为作哄,凶。二月、五月、八月、十一月文星甲子日、丙寅日、甲戌日、壬午日为作哄,凶。壬午日、庚寅日、戊戌日、丙午日、甲寅日、壬戌日为作哄,凶。三月、六月、九月、十二月破星甲子日、乙丑日为作哄,凶。癸酉日、辛巳日、己丑日、丁酉日、乙巳日、癸丑日、辛酉日为作哄,凶。

作哄(三)

原文:

注音:ti^{6} ʔjət^{7} ȶa:p^{7} hi^{3} van^{1} tjeŋ^{1} ma:u^{4} van^{1}

直译:第 一 甲 子 日 丁 卯 日

意译:第一元甲子日、丁卯日。

原文:

注音:ȶa:p^{7} hət^{7} van^{1} ɕən^{1} ɕi^{4} van^{1} mu^{6} hi^{3}

直译:甲 戌 日 辛 巳 日 戊 子

意译:甲戌日、辛巳日、戊子日。

原文:

注音:ʔjit^{7} mi^{6} van^{1} ȵum^{2} ji^{2} van^{1} ȶi^{1} ju^{4} van^{1}

直译:乙 未 日 壬 寅 日 己 酉 日

意译:乙未日、壬寅日、己酉日凶。

原文:

注音:pjeŋ^{3} sən^{2} ȶui^{5} ʁa:i^{3} van^{1} ɕoŋ^{1}

直译:丙 辰 癸 亥 日 凶

意译:丙辰日、癸亥日凶。

原文:

注音:ti^{6} ȵi^{6} ȶa:p^{7} hi^{3} pjeŋ^{3} ji^{2} van^{1} ȶui^{5} ju^{4} qeŋ^{1} sən^{2} van^{1} tjeŋ^{1} ʁa:i^{3}

直译:第 二 甲 子 丙 寅 日 癸 酉 庚 辰 日 丁 亥

意译:第二元甲子日、丙寅日、癸酉日、庚辰日、丁亥日。

原文:

注音:ȶa:p^{7} ŋo^{2} van^{1} ɕən^{1} su^{3} van^{1} mu^{6} sən^{1}

直译:甲 午 日 辛 丑 日 戊 申

意译:甲午日、辛丑日、戊申日凶。

原文:

注音:ʔjit^{7} ma:u^{4} van^{1} ȵum^{2} hət^{7} van^{1} ɕoŋ^{1}

直译:乙 卯 日 壬 戌 日 凶

意译:乙卯日、壬戌日凶。

原文:

注音:ti^{6} ha:m^{1} ȶa:p^{7} hi^{3} ʔjit^{7} su^{3} van^{1} ȵum^{2} ji^{2}

直译:第 三 甲 子 乙 丑 日 壬 寅

意译:第三元甲子日、乙丑日、壬寅日。

原文:

注音:ȶi^{1} ma:u^{4} van^{1} pjeŋ^{3} hət^{7} van^{1}

直译:己 卯 日 丙 戌 日

意译:己卯日、丙戌日。

原文:

注音:ȶui^{5} ɕi^{4} van^{1} qeŋ^{1} ŋo^{2} tjeŋ^{1} mi^{6} van^{1}

直译:癸 巳 日 庚 午 丁 未 日

意译:癸巳日、庚午日、丁未日凶。

原文:

注音:ȶa:p^{7} ji^{2} van^{1} ɕən^{1} ju^{4} van^{1} ɕoŋ^{1} ha:i^{2}

直译:甲 寅 日 辛 酉 日 凶 棺

意译:甲寅日、辛酉日死人,凶。

原文:

注音:ti^{6} ɕi^{5} ʈa:p^{7} hi^{3} ɕən^{1} mi^{6} van^{1} mu^{6} ji^{2} van^{1}

直译:第 四 甲 子 辛 未 日 戊 寅 日

意译:第四元甲子日、辛未日、戊寅日。

原文:

注音:ʔjit^{7} ju^{4} van^{1} ɳum^{2} sən^{2} ʈi^{1} ʁa:i^{3} van^{1}

直译:乙 酉 日 壬 辰 己 亥 日

意译:乙酉日、壬辰日、己亥日。

原文:

注音:pjeŋ^{3} ŋo^{2} qeŋ^{1} sən^{1} ʈui^{5} su^{3} van^{1} ɕoŋ^{1} ha:i^{2}

直译:丙 午 庚 申 癸 丑 日 凶 棺

意译:丙午日、庚申日、癸丑日死人,凶。

原文:

注音:ti^{6} ŋo^{4} ʈa:p^{7} hi^{3} qeŋ^{1} ŋo^{2} van^{1}

直译:第 五 甲 子 庚 午 日

意译:第五元甲子日、庚午日。

原文:

注音:tjeŋ^{1} su^{3} van^{1} ʈa:p^{7} sən^{1} ɕən^{1} ma:u^{4}

直译:丁 丑 日 甲 申 辛 卯

意译:丁丑日、甲申日、辛卯日。

原文:

注音:mu^{6} hət^{7} van^{1} ʔjit^{7} ɕi^{4} ɳum^{2} hi^{3} ʈi^{1} mi^{6} van^{1} ɕoŋ^{1} ha:i^{2}

直译:戊 戌 日 乙 巳 壬 子 己 未 日 凶 棺

意译:戊戌日、乙巳日、壬子日、己未日死人,凶。

原文:

注音:ti^{6} ljok^{8} ʨa:p^{7} hi^{3} ʨi^{1} ɕi^{4} van^{1}

直译:第 六 甲 子 己 巳 日

意译:第六元甲子日、己巳日。

原文:

注音:pjeŋ^{3} hi^{3} van^{1} ʨui^{5} mi^{6} van^{1} qeŋ^{1} ji^{2}

直译:丙 子 日 癸 未 日 庚 寅

意译:丙子日、癸未日、庚寅日。

原文:

注音:tjeŋ^{1} ju^{4} van^{1} ʨa:p^{7} sən^{2} ɕən^{1} ʁa:i^{3} van^{1} mu^{6} ŋo^{2} van^{1} ɕoŋ^{1} ha:i^{2}

直译:丁 酉 日 甲 辰 辛 亥 日 戊 午 日 凶 棺

意译:丁酉日、甲辰日、辛亥日、戊午日死人,凶。

原文:

注音:ti^{6} ɕət^{7} ʨa:p^{7} hi^{3} mu^{6} sən^{2} van^{1} ʔjit^{7} ʁa:i^{3} ȵum^{2} ŋo^{2} van^{1} ɕoŋ^{1}

直译:第 七 甲 子 戊 辰 日 乙 亥 壬 午 日 凶

意译:第七元甲子日、戊辰日、乙亥日、壬午日凶。

篇章意译

第一元甲子日、丁卯日、甲戌日、辛巳日、戊子日、乙未日、壬寅日、己酉日、丙辰日、癸亥日为作哄,凶。第二元甲子日、丙寅日、癸酉日、庚辰日、丁亥日、甲午日、辛丑日、戊申日、乙卯日、壬戌日为作哄,凶。第三元甲子日、乙丑日、壬寅日、己卯日、丙戌日、癸巳日、庚午日、丁未日、甲寅日、辛酉日为作哄,死人,凶。第四元甲子日、辛未日、戊寅日、乙酉日、壬辰日、己亥日、丙午日、庚申日、癸丑日为作哄,死人,凶。第五元甲子日、庚午日、丁丑日、甲申日、辛卯日、戊戌日、乙巳日、壬子日、己未日为作哄，死人，凶。第六元甲子日、己巳日、丙子日、癸未日、庚寅日、丁酉日、甲辰日、辛亥日、戊午日为作哄死人，凶。第七元甲子日、戊辰日、乙亥日、壬午日为作哄，凶。

空房(一)

原文：

注音：su^{3} sən^{1} ju^{4} mbe^{1} mu^{6} hi^{3} van^{1} tjeŋ^{1} ju^{4} van^{1} ɕoŋ^{1}

直译：丑 申 酉 年 戊 子 日 丁 酉 日 凶

意译：丑年、申年、酉年戊子日、丁酉日凶。

原文：

注音：pa:t^{7} sup^{8} ʔjət^{7} njen^{2} ɕoŋ^{1}

直译：八 十一 月 凶

意译：八月至十一月凶。

原文：

注音：ji^{2} ŋo^{2} hət^{7} mbe^{1} pjeŋ^{3} hi^{3} van^{1} ʨui^{5} su^{3} van^{1} ɕoŋ^{1}

直译：寅 午 戌 年 丙 子 日 癸 丑 日 凶

意译：寅年、午年、戌年丙子日、癸丑日凶。

原文：

注音：sup^{8} ʔjət^{7} sup^{8} ȵi^{6} njen^{2} ɕoŋ^{1}

直译： 十一 十二 月 凶

意译：十一月至十二月凶。

原文：

注音：sən^{2} ɕi^{4} hi^{3} mbe^{1} ʨi^{1} su^{3} van^{1} mu^{6} hət^{7} van^{1} ŋo^{4} ʨu^{3} njen^{2} ɕoŋ^{1}

直译：辰 巳 子 年 己 丑 日 戊 戌 日 五 九 月 凶

意译：辰年、巳年、子年己丑日、戊戌日，五月至九月凶。

原文：

注音：mi^{6} hət^{7} ʁa:i^{3} mbe^{1} ɕən^{1} su^{3} van^{1} ȵum^{2} hət^{7} van^{1}

直译：未 戌 亥 年 辛 丑 日 壬 戌 日

意译：未年、戌年、亥年辛丑日、壬戌日凶。

原文：

注音：sup^{8} ʔjət^{7} sup^{8}ȵi^{6} njen^{2} ɕoŋ^{1}

直译：十一 十二 月 凶

意译：十一月至十二月凶。

篇章意译

丑年、申年、酉年戊子日、丁酉日，八月至十一月为空房，凶。寅年、午年、戌年丙子日、癸丑日，十一月至十二月为空房，凶。辰年、巳年、子年己丑日、戊戌日，五月至九月为空房，凶。未年、戌年、亥年辛丑日、壬戌日，十一月至十二月为空房，凶。

说明

空房，水书条目名称，俗认为是一种导致家中空无一人的恶鬼。起造忌用空房日。

空房(二)

原文:

注音:sən^1 hi^3 sən^2 mbe^1 qeŋ^1 ji^2 van^1 ȶət^7 ɕən^1 ma:u^4 ɕoŋ^1

直译:申 子 辰 年 庚 寅 日 吉 辛 卯 凶

意译:申年、子年、辰年庚寅日吉,辛卯日凶。

原文:

注音:ɕi^4 ju^4 su^3 mbe^1 ȶa:p^7 hi^3 van^1 ȶət^7 ʔjit^7 su^3 van^1 ɕoŋ^1

直译:巳 酉 丑 年 甲 子 日 吉 乙 丑 日 凶

意译:巳年、酉年、丑年甲子日吉,乙丑日凶。

原文:

注音:ji^2 ŋo^2 hət^7 mbe^1 pjeŋ^3 ŋo^2 van^1 ȶət^7 tjeŋ^1 mi^6 ɕoŋ^1

直译:寅 午 戌 年 丙 午 日 吉 丁 未 凶

意译:寅年、午年、戌年丙午日吉,丁未日凶。

原文:

注音:ʁa:i^3 ma:u^4 mi^6 mbe^1 ȵum^2 sən^1 van^1 ȶət^7 ȶui^5 ju^4 van^1 ɕoŋ^1

直译:亥 卯 未 年 壬 申 日 吉 癸 酉 日 凶

意译:亥年、卯年、未年壬申日吉,癸酉日凶。

篇章意译

申年、子年、辰年庚寅日吉,辛卯日凶。巳年、酉年、丑年甲子日吉,乙丑日凶。寅年、午年、戌年丙午日吉,丁未日凶。亥年、卯年、未年壬申日吉,癸酉日凶。

亩木

原文:

注音:sup^{8}ȵi^{6} mbe^{1} ȶum^{1} ȶum^{1} ɕi^{4} ju^{4} su^{3} van^{1} ȶət^{7} ȵum^{2} ji^{2} ɕoŋ^{1}

直译:十二 年 金 金 巳 酉 丑 日 吉 壬 寅 凶

意译:十二年属金,巳日、酉日、丑日属金,吉;壬寅日凶。

原文:

注音:sup^{8}ȵi^{6} mbe^{1} mok^{8} mok^{8} ʁa:i^{3} ma:u^{4} mi^{6} van^{1} ȶət^{7}

直译:十二 年 木 木 亥 卯 未 日 吉

意译:十二年属木,亥日、卯日、未日属木,吉。

原文:

注音:qeŋ^{1} sən^{1} van^{1} ɕoŋ^{1}

直译:庚 申 日 凶

意译:庚申日凶。

原文:

注音:sup^{8}ȵi^{6} mbe^{1} fa^{3} fa^{3} ji^{2} ŋo^{2} hət^{7} van^{1} ȶət^{7}

直译:十二 年 火 火 寅 午 戌 日 吉

意译:十二年属火,寅日、午日、戌日属火,吉。

原文:

注音:ʔjət^{7} ʁa:i^{3} van^{1} ɕoŋ^{1}

直译:乙 亥 日 凶

意译:乙亥日凶。

原文:

注音:sup^{8}ȵi^{6} mbe^{1} tu^{3} tu^{3} sən^{1} hi^{3} sən^{1} van^{1} ʈət^{7} tjeŋ^{1} ɕi^{4} van^{1} ɕoŋ^{1}

直译:十二 年 土 土 申 子 辰 日 吉 丁 巳 日 凶

意译:十二年属土,申日、子日、辰日属土,吉;丁巳日凶。

原文:

注音:sup^{8}ȵi^{6} mbe^{1} sui^{3} sui^{3} sən^{1} hi^{3} sən^{1} van^{1} ʈət^{7} ʈui^{5} ɕi^{4} van^{1} ɕoŋ^{1}

直译:十二 年 水 水 申 子 辰 日 吉 癸 巳 日 凶

意译:十二年属水,申日、子日、辰日属水,吉;癸巳日凶。

篇章意译

十二年属金,巳日、酉日、丑日属金,吉;壬寅日凶。十二年属木,亥日、卯日、未日属木,吉;庚申日凶。十二年属火,寅日、午日、戌日属金,吉;乙亥日凶。十二年属土,申日、子日、辰日属土,吉;丁巳日凶。十二年属水,申日、子日、辰日属水,吉;癸巳日凶。

说明

亩木,水语音译,水书条目名称,意为死绝,起造忌用。

亩空

原文:

注音:sup^{8}ȵi^{6} mbe^{1} ȶum^{1} ȶum^{1} ɕi^{4} ju^{4} su^{3} van^{1} ȶət^{7}

直译:十二 年 金 金 巳 酉 丑 日 吉

意译:十二年属金,巳日、酉日、丑日属金,吉。

原文:

注音:ȶa:p^{7} sən^{2} qeŋ^{1} hi^{3} ȶui^{5} ju^{4} van^{1} ɕoŋ^{1} ha:i^{2}

直译:甲 辰 庚 子 癸 酉 日 凶 棺

意译:甲辰日、庚子日、癸酉日死人,凶。

原文:

注音:sup^{8}ȵi^{6} mbe^{1} mok^{8} mok^{8} ʁa:i^{3} ma:u^{4} mi^{6} van^{1} ȶət^{7}

直译:十二 年 木 木 亥 卯 未 日 吉

意译:十二年属木,亥日、卯日、未日属木,吉。

原文:

注音:ȵum^{2} hət^{7} van^{1} ɕən^{1} ma:u^{4} ȶa:p^{7} ŋo^{2} van^{1} ɕoŋ^{1} ha:i^{2}

直译:壬 戌 日 辛 卯 甲 午 日 凶 棺

意译:壬戌日、辛卯日、甲午日死人,凶。

原文:

注音:sup^{8}ȵi^{6} mbe^{1} fa^{3} fa^{3} ji^{2} ŋo^{2} hət^{7} van^{1} ȶət^{7}

直译:十二 年 火 火 寅 午 戌 日 吉

意译:十二年属火,寅日、午日、戌日属火,吉。

原文:

注音:ɕən^{1} su^{3} van^{1} ɕən^{1} ju^{4} van^{1} mu^{6} ŋo^{2} van^{1} ha:i^{2} ɕoŋ^{1}

直译:辛 丑 日 辛 酉 日 戊 午 日 棺 凶

意译:辛丑日、辛酉日、戊午日死人,凶。

原文:

注音:sup^{8}ȵi^{6} mbe^{1} tu^{3} sui^{3} tu^{3} sui^{3} sən^{1} hi^{3} sən^{1} van^{1} ʈət^{7}

直译:十二 年 土 水 土 水 申 子 辰 日 吉

意译:十二年属土水,申日、子日、辰日属土水,吉。

原文:

注音:ɕən^{1} mi^{6} van^{1} ʈi^{1} ma:u^{4} ʈi^{1} ɕi^{4} van^{1}

直译:辛 未 日 己 卯 己 巳 日

意译:辛未日、己卯日、己巳日凶。

原文:

注音:pjeŋ^{3} hi^{3} van^{1} qeŋ^{1} hi^{3} van^{1} ha:i^{2} ɕoŋ^{1}

直译:丙 子 日 庚 子 日 棺 凶

意译:丙子日、庚子日死人,凶。

篇章意译

十二年属金,巳日、酉日、丑日属金,吉。甲辰日、庚子日、癸酉日死人,凶。十二年属木,亥日、卯日、未日属木,吉。壬戌日、辛卯日、甲午日死人,凶。十二年属火,寅日、午日、戌日属火,吉。辛丑日、辛酉日、戊午日死人,凶。十二年属土水,申日、子日、辰日属土水,吉。辛未日、己卯日、己巳日、丙子日、庚子日死人,凶。

说明

亩空，水语音译，水书条目名称，意为落空，吉日可用于起造，忌用凶日。

笼林(一)

原文:
注音:sən^{1} hi^{3} sən^{2} mbe^{1} qeŋ^{1} pjeŋ^{3} van^{1} ɕoŋ^{1}
直译:申 子 辰 年 庚 丙 日 凶
意译:申年、子年、辰年庚日、丙日凶。

原文:
注音:ɕi^{4} ju^{4} su^{3} mbe^{1} ɕən^{1} ɕi^{4} van^{1} ɕoŋ^{1}
直译:巳 酉 丑 年 辛 巳 日 凶
意译:巳年、酉年、丑年辛巳日凶。

原文:
注音:ji^{2} ŋo^{2} hət^{7} mbe^{1} ʈa:p^{7} mu^{6} van^{1} ɕoŋ^{1}
直译:寅 午 戌 年 甲 戊 日 凶
意译:寅年、午年、戌年甲日、戊日凶。

原文:
注音:ʁa:i^{3} ma:u^{4} mi^{6} mbe^{1} ȵum^{2} ʈui^{5} van^{1} ɕoŋ^{1}
直译:亥 卯 未 年 壬 癸 日 凶
意译:亥年、卯年、未年壬日、癸日凶。

原文:
注音:hi^{3} ŋo^{2} ma:u^{4} ju^{4} mbe^{1}
直译:子 午 卯 酉 年
意译:子年、午年、卯年、酉年。

原文：

注音：tsjeŋ^{1} ɕi^{5} ɕət^{7} sup^{8} njen^{2} mu^{6} ʈi^{1} van^{1} ɕoŋ^{1}

直译：正 四 七 十 月 戊 己 日 凶

意译：正月、四月、七月、十月戊日、己日凶。

原文：

注音：su^{3} mi^{6} sən^{2} hət^{7} mbe^{1}

直译：丑 未 辰 戌 年

意译：丑年、未年、辰年、戌年。

原文：

注音：ȵi^{6} ŋo^{4} pa:t^{7} sup^{8}ʔjət^{7} njen^{2} pjeŋ^{3} tjeŋ^{1} van^{1} ɕoŋ^{1}

直译：二 五 八 十一 月 丙 丁 日 凶

意译：二月、五月、八月、十一月丙日、丁日凶。

原文：

注音：ji^{2} sən^{1} ɕi^{4} ʁa:i^{3} mbc^{1}

直译：寅 申 巳 亥 年

意译：寅年、申年、巳年、亥年。

原文：

注音：ha:m^{1} ljok^{8} ʈu^{3} sup^{8}ȵi^{5} njen^{2} ȵum^{2} ʈui^{5} ɕoŋ^{1}

直译：三 六 九 十二 月 壬 癸 凶

意译：三月、六月、九月、十二月壬日、癸日凶。

篇章意译

申年、子年、辰年庚日、丙日凶，巳年、酉年、丑年辛日、巳日凶，寅年、午年、戌年甲日、戊日凶，亥年、卯年、未年壬日、癸日凶，子年、午年、卯年、酉年正月、四月、七月、十月戊日、己日凶，丑年、未年、辰年、戌年二月、五月、八月、十一月丙日、丁日凶，寅年、申年、巳年、亥年三月、六月、九月、十二月壬日、癸日凶。

说明

做木房子架中的枋子松了称笼林，笼林日不能用作起造。

笼林(二)

原文:

注音:hi^{3} ŋo^{2} ma:u^{4} ju^{4} van^{1} pjeŋ^{3} tjeŋ^{1} ji^{2} si^{2}

直译:子 午 卯 酉 日 丙 丁 寅 时

意译:子日、午日、卯日、酉日丙时、丁时、寅时为笼林,凶。

原文:

注音:su^{3} mi^{6} sən^{2} hət^{7} van^{1} mu^{6} ȶi^{1} si^{2} ma:u^{4} si^{2} ɕoŋ^{1}

直译:丑 未 辰 戌 日 戊 己 时 卯 时 凶

意译:丑日、未日、辰日、戌日戊时、己时、卯时为笼林,凶。

原文:

注音:ji^{2} sən^{1} ɕi^{4} ʁa:i^{3} van^{1} ȵum^{2} ȶui^{5} si^{2} ɕi^{4} si^{2} ɕoŋ^{1}

直译:寅 申 巳 亥 日 壬 癸 时 巳 时 凶

意译:寅日、申日、巳日、亥日壬时、癸时、巳时为笼林,凶。

篇章意译

子日、午日、卯日、酉日丙时、丁时、寅时为笼林时,丑日、未日、辰日、戌日戊时、己时、卯时为笼林时,寅日、申日、巳日、亥日壬时、癸时、巳时为笼林时,凶。

黄时(一)

原文:

注音:ȶa:p^{7}　ȶi^{1}　van^{1}　ji^{2}　si^{2}

直译:甲　己　日　寅　时

意译:甲日、己日寅时凶。

原文:

注音:ʔjit^{7}　qeŋ^{1}　van^{1}　sən^{2}　si^{2}　ɕoŋ^{1}

直译:乙　庚　日　辰　时　凶

意译:乙日、庚日辰时凶。

原文:

注音:pjeŋ^{3}　ɕən^{1}　van^{1}　sən^{1}　si^{2}

直译:丙　辛　日　申　时

意译:丙日、辛日申时凶。

原文:

注音:tjeŋ^{1}　ȵum^{2}　van^{1}　ŋo^{2}　si^{2}　ɕoŋ^{1}

直译:丁　壬　日　午　时　凶

意译:丁日、壬日午时凶。

原文:

注音:mu^{6}　ȶui^{5}　van^{1}　mi^{6}　si^{2}　ɕoŋ^{1}

直译:戊　癸　日　未　时　凶

意译:戊日、癸日未时凶。

篇章意译

甲日、己日寅时为黄时，乙日、庚日辰时为黄时，丙日、辛日申时为黄时，丁日、壬日午时为黄时，戊日、癸日未时为黄时，凶。

说明

黄时是起造的凶时，禁用于起造。

倒栏(一)

原文:

注音:hi^{3} ŋo^{2} ma:u^{4} ju^{4} mbe^{1} ji^{2} ma:u^{4} van^{1} fa:ŋ^{1} ɕoŋ^{1}

直译:子 午 卯 酉 年 寅 卯 日 方 凶

意译:子年、午年、卯年、酉年寅日、卯日、寅方、卯方凶。

原文:

注音:tsjeŋ^{1} ɕi^{5} ɕət^{7} sup^{8} qeŋ^{1} ji^{2} van^{1} ti^{6} ʔjət^{7} mu^{6} ji^{2} van^{1} ɕoŋ^{1}

直译:正 四 七 十 庚 寅 日 第 一 戊 寅 日 凶

意译:正月、四月、七月、十月庚寅日第一元戊寅日凶。

原文:

注音:su^{3} mi^{6} sən^{2} hət^{7} mbe^{1} su^{3} van^{1} fa:ŋ^{1} ɕoŋ^{1}

直译:丑 未 辰 戌 年 丑 日 方 凶

意译:丑年、未年、辰年、戌年丑日丑方凶。

原文:

注音:ȵi^{6} ŋo^{4} pa:t^{7} sup^{8}ʔjət^{7} ȶui^{5} su^{3} van^{1} ɕoŋ^{1}

直译:二 五 八 十一 癸 丑 日 凶

意译:二月、五月、八月、十一月癸丑日、己丑日凶。

原文:

注音:ti^{6} ȵi^{6} ȶui^{5} su^{3} ȶi^{1} su^{3} van^{1} ɕoŋ^{1}

直译:第 二 癸 丑 己 丑 日 凶

意译:第二元癸丑日、己丑日凶。

原文：

注音：ji^{2}　sən^{1}　ɕi^{4}　ʁa:i^{3}　mbe^{1}　ŋo^{2}　ju^{4}　van^{1}　fa:ŋ^{1}　ɕoŋ^{1}

直译：寅　申　巳　亥　年　午　酉　日　方　凶

意译：寅年、申年、巳年、亥年午日、酉日午方酉方凶。

原文：

注音：ha:m^{1}　ljok^{8}　ȶu^{3}　sup^{8}ȵi^{6}　mu^{6}　ŋo^{2}　ȶi^{1}　ju^{4}　van^{1}

直译：三　六　九　十二　戊　午　己　酉　日

意译：三月、六月、九月、十二月戊午日己酉日凶。

原文：

注音：ti^{6}　ȵi^{6}　mu^{6}　ŋo^{2}　ȶi^{1}　ju^{4}　ȶa:p^{7}　ŋo^{2}　pjeŋ^{3}　ŋo^{2}　van^{1}　ɕoŋ^{1}

直译：第　三　戊　午　己　酉　甲　午　丙　午　日　凶

意译：第三元戊午日、己酉日、甲午日、丙午日凶。

篇章意译

子年、午年、卯年、酉年寅日、卯日寅方卯方为倒栏，凶。正月、四月、七月、十月庚寅日第一元戊寅日凶。丑年、未年、辰年、戌年丑日丑方为倒栏，凶。二月、五月、八月、十一月癸丑日、己丑日凶，第二元癸丑日、己丑日凶。寅年、申年、巳年、亥年午日、酉日午方酉方凶。三月、六月、九月、十二月戊午日、己酉日凶。第三元戊午日、己酉日、甲午日、丙午日为倒栏，凶。

说明

倒栏，水书条目名称，是导致贤达夭折的凶神，起造忌用倒栏日、倒栏方。

黄时(二)

原文:

注音:ȶa:p^{7} ȶi^{1} van^{1} hi^{3} ŋo^{2} si^{2}

直译:甲 己 日 子 午 时

意译:甲日、己日子时、午时为黄时,凶。

原文:

注音:ʔjit^{7} qeŋ^{1} van^{1} su^{3} mi^{6} si^{2} ɕoŋ^{1}

直译:乙 庚 日 丑 未 时 凶

意译:乙日、庚日丑时、未时为黄时,凶。

原文:

注音:pjeŋ^{3} ɕən^{1} van^{1} ji^{2} sən^{1} si^{2}

直译:丙 辛 日 寅 申 时

意译:丙日、辛日寅时、申时为黄时,凶。

原文:

注音:tjeŋ^{1} ȵum^{2} van^{1} ma:u^{4} ju^{4} si^{2} ɕoŋ^{1}

直译:丁 壬 日 卯 酉 时 凶

意译:丁日、壬日卯时、酉时为黄时,凶。

原文:

注音:mu^{6} ȶui^{5} van^{1} sən^{2} hət^{7} si^{2} ɕoŋ^{1}

直译:戊 癸 日 辰 戌 时 凶

意译:戊日、癸日辰时、戌时为黄时,凶。

篇章意译

甲日、己日子时、午时，乙日、庚日丑时、未时，丙日、辛日寅时、申时，丁日、壬日卯时、酉时，戊日、癸日辰时、戌时为黄时，凶。

旁堂

原文:

注音:ʁa:i^{3} hi^{3} mbe^{1} hət^{7} ŋo^{2} van^{1}

直译:亥 子 年 戌 午 日

意译:亥年、子年戌日、午日凶。

原文:

注音:ti^{6} ʔjət^{7} mu^{6} hət^{7} mu^{6} ŋo^{2} van^{1} fa:ŋ^{1} si^{2}

直译:第 一 戊 戌 戊 午 日 方 时

意译:第一元戊戌日、戊午日戊戌方、戊午方戊戌时、戊午时凶。

原文:

注音:su^{3} ji^{2} mbe^{1} mok^{8} ma:u^{4} fa:ŋ^{1}

直译:丑 寅 年 木 卯 方

意译:丑年、寅年属木卯方。

原文:

注音:ti^{6} ȵi^{6} ʨui^{5} ma:u^{4} van^{1} fa:ŋ^{1} si^{2} ɕoŋ^{1}

直译:第 二 癸 卯 日 方 时 凶

意译:第二元癸卯日癸卯方癸卯时凶。

原文:

注音:ma:u^{4} mbe^{1} mok^{8} pa:t^{7} hi^{3} ʨi^{1} ju^{4} van^{1}

直译:卯 年 木 八 子 己 酉 日

意译:卯年属木,八月子日、己酉日凶。

原文:

注音:ti^6　ha:m^1　mu^6　hi^3　ɕən^1　ju^4　van^1　fa:ŋ^1　si^2　ɕoŋ^1

直译:第　三　戊　子　辛　酉　日　方　时　凶

意译:第三元戊子日、辛酉日戊子方、辛酉方戊子时、辛酉时凶。

原文:

注音:sən^2　ɕi^4　ŋo^2　mbe^1　ti^6　ɕi^5　mu^6　ŋo^2　van^1　mi^6　fa:ŋ^1　si^2　ɕoŋ^1

直译:辰　巳　午　年　第　四　戊　午　日　未　方　时　凶

意译:辰年、巳年、午年第四元戊午日未方未时凶。

原文:

注音:mi^6　sən^1　mbe^1　pa:t^7　ti^6　ŋo^4　tjeŋ^1　ȶi^1　ju^4　van^1　fa:ŋ^1　si^2　ɕoŋ^1

直译:未　申　年　八　第　五　丁　己　酉　日　方　时　凶

意译:未年、申年八月第五元丁酉日、己酉日丁酉方、己酉方丁酉时、己酉时凶。

原文:

注音:ju^4　hət^7　mbe^1　pa:t^7　hi^3　van^1　ti^6　ljok^8　pjeŋ^3　hi^3　van^1

直译:酉　戌　年　八　子　日　第　六　丙　子　日

意译:酉年、戌年八月子日,第六元丙子日凶。

原文:

注音:ti^6　ɕət^7　tjeŋ^1　ma:u^4　van^1　fa:ŋ^1　si^2　ɕoŋ^1

直译:第　七　丁　卯　日　方　时　凶

意译:第七元丁卯日丁卯方丁卯时凶。

篇章意译

亥年、子年戌日、午日,第一元戊戌日、戊午日戊戌方、戊午方戊戌时、戊午时凶。丑年、寅年属木卯方，第二元癸卯日癸卯方癸卯时凶。卯年属木，八月子日己酉日，第三元戊子日、辛酉日戊子、方辛酉方戊子时辛酉时凶。辰年、巳年、午年第四元戊午日未方未时凶。未年、申年八月第五元丁酉日、己酉日丁酉方、己酉方丁酉时、己酉时凶。酉年、戌年八月子日，第六元丙子日，第七元丁卯日丁卯方丁卯时凶。

说明

旁堂，水语音译，意为动荡不定，说话不一致，起造忌用旁堂日、旁堂方、旁堂时。

的点

原文:

注音:ti^{6} ʔjət^{7} pjeŋ^{3} ji^{2} van^{1} ʨui^{5} mi^{6} van^{1}

直译:第 一 丙 寅 日 癸 未 日

意译:第一元丙寅日、癸未日凶。

原文:

注音:ti^{6} ȵi^{5} ʨui^{5} ma:u^{4} ɕən^{1} ɕi^{4}

直译:第 二 癸 卯 辛 巳

意译:第二元癸卯日、辛巳日凶。

原文:

注音:mu^{6} hi^{3} van^{1} ha:i^{2} ɕoŋ^{1} qcŋ^{1} ji^{2} van^{1} ha:i^{2} ɕoŋ^{1}

直译:戊 子 日 棺 凶 庚 寅 日 棺 凶

意译:戊子日、庚寅日死人,凶。

原文:

注音:ti^{6} ha:m^{1} ɕən^{1} mi^{6} van^{1} pjeŋ^{3} sən^{1} van^{1} ʔjit^{7} ɕi^{4}

直译:第 三 辛 未 日 丙 申 日 乙 巳

意译:第三元辛未日、丙申日、乙巳日凶。

原文:

注音:tjeŋ^{1} ʁa:i^{3} van^{1} ʨui^{5} ma:u^{4} van^{1} ɕoŋ^{1}

直译:丁 亥 日 癸 卯 日 凶

意译:丁亥日、癸卯日死人,凶。

原文:

注音:ti^{6} ɕi^{5} qeŋ^{1} ŋo^{2} van^{1} tjeŋ^{1} su^{3} ʔjit^{7} ma:u^{4} van^{1} tjeŋ^{1} ʁa:i^{3} van^{1}

直译:第 四 庚 午 日 丁 丑 乙 卯 日 丁 亥 日

意译:第四元庚午日、丁丑日、乙卯日、丁亥日凶。

原文:

注音:ti^{6} ŋo^{4} ʈi^{1} ju^{4} van^{1} pjeŋ^{3} hət^{7} van^{1} ɕoŋ^{1} ha:i^{2}

直译:第 五 己 酉 日 丙 戌 日 凶 棺

意译:第五元己酉日、丙戌日死人,凶。

原文:

注音:ti^{6} ljok^{8} ʔjit^{7} su^{3} tjeŋ^{1} ma:u^{4} van^{1}

直译:第 六 乙 丑 丁 卯 日

意译:第六元乙丑日、丁卯日凶。

原文:

注音:ʈui^{5} mi^{6} pjeŋ^{3} ŋo^{2} van^{1} ɕoŋ^{1} ha:i^{2}

直译:癸 未 丙 午 日 凶 棺

意译:癸未日、丙午日死人,凶。

原文:

注音:ti^{6} ɕət^{7} ʔjit^{7} su^{3} tjeŋ^{1} ma:u^{4} ȵum^{2} sən^{2} van^{1} ɕoŋ^{1} ha:i^{2}

直译:第 七 乙 丑 丁 卯 壬 辰 日 凶 棺

意译:第七元乙丑日、丁卯日、壬辰日死人,凶。

篇章意译

第一元丙寅日、癸未日凶,第二元癸卯日、辛巳日、戊子日、庚寅日凶,第三元辛未日、丙申日、乙巳日、丁亥日、癸卯日凶,第四元庚午日、丁丑日、乙卯日、丁亥日凶，第五元己酉日、丙戌日凶，第六元乙丑日、丁卯日、癸未日、丙午日凶，第七元乙丑日、丁卯日、壬辰日凶。

说明

的点，水语音译，水书条目名称，是导致穷苦的凶神，起造禁用的点日、时、方。

各木年姑底

原文:

注音:hi^{3} ŋo^{2} ma:u^{4} ju^{4} mbe^{1} ɕi^{4} ʁa:i^{3} van^{1} ɕoŋ^{1}

直译:子 午 卯 酉 年 巳 亥 日 凶

意译:子年、午年、卯年、酉年巳日、亥日凶。

原文:

注音:ti^{6} ɕət^{7} ȶi^{1} ɕi^{4} ȶi^{1} ʁa:i^{3} van^{1} ɕoŋ^{1}

直译:第 七 己 巳 己 亥 日 凶

意译:第七元己巳日、己亥日凶。

原文:

注音:su^{3} mi^{6} sən^{2} hət^{7} mbe^{1} ji^{2} sən^{1} van^{1} ɕoŋ^{1}

直译:丑 未 辰 戌 年 寅 申 日 凶

意译:丑年、未年、辰年、戌年寅日、申日凶。

原文:

注音:ti^{6} ɕi^{5} pjcŋ^{3} sən^{1} van^{1} pjeŋ^{3} ji^{2} van^{1} ɕoŋ^{1}

直译:第 四 丙 申 日 丙 寅 日 凶

意译:第四元丙申日、丙寅日凶。

原文:

注音:ji^{2} sən^{1} ɕi^{4} ʁa:i^{3} mbe^{1} hi^{3} ŋo^{2} van^{1} ɕoŋ^{1}

直译:寅 申 巳 亥 年 子 午 日 凶

意译:寅年、申年、巳年、亥年子日、午日凶。

原文:

注音:ti^{6}　ȵ̥i^{6}　mu^{6}　hi^{3}　mu^{6}　ŋo^{2}　van^{1}　ɕoŋ^{1}

直译:第　二　戊　子　戊　午　日　凶

意译:第二元戊子日、戊午日凶。

篇章意译

子年、午年、卯年、酉年巳日、亥日凶,第七元己巳日、己亥日凶。丑年、未年、辰年、戌年寅日、申日凶,第四元丙申日、丙寅日凶。寅年、申年、巳年、亥年子日、午日凶,第二元戊子日、戊午日凶。

说明

起造忌用“各木年姑底”日。

各木月日

原文:

注音:tsjeŋ^{1} ʁa:i^{3} ȵi^{6} hət^{7} ha:m^{1} ju^{4} ɕi^{5} sən^{1} van^{1} ɕoŋ^{1}

直译:正 亥 二 戌 三 酉 四 申 日 凶

意译:正月亥日、二月戌日、三月酉日、四月申日凶。

原文:

注音:ŋo^{4} mi^{6} ljok^{8} ŋo^{2} ɕət^{7} ɕi^{4} van^{1} ɕoŋ^{1}

直译:五 未 六 午 七 巳 日 凶

意译:五月未日、六月午日、七月巳日凶。

原文:

注音:pa:t^{7} sən^{2} ȶu^{3} ma:u^{4} van^{1} sup^{8} ji^{2} van^{1}

直译:八 辰 九 卯 日 十 寅 日

意译:八月辰日、九月卯日、十月寅日凶。

原文:

注音:sup^{8}ʔjət^{7} su^{3} sup^{8}ȵi^{6} hi^{3} van^{1} ɕoŋ^{1}

直译: 十一 丑 十二 子 日 凶

意译:十一月丑日、十二月子日凶。

篇章意译

正月亥日、二月戌日、三月酉日、四月申日凶,五月未日、六月午日、七月巳日凶,八月辰日、九月卯日、十月寅日、十一月丑日、十二月子日凶。

说明

起造忌用各木月、日。

纠喝

原文:

注音:hi^{3} ŋo^{2} ma:u^{4} ju^{4} mbe^{1} ju^{4} van^{1} fa:ŋ^{1} ɕoŋ^{1}

直译:子 午 卯 酉 年 酉 日 方 凶

意译:子年、午年、卯年、酉年酉日酉方凶。

原文:

注音:su^{3} mi^{6} sən^{2} hət^{7} mbe^{1} ji^{2} van^{1} fa:ŋ^{1} ɕoŋ^{1}

直译:丑 未 辰 戌 年 寅 日 方 凶

意译:丑年、未年、辰年、戌年寅日寅方凶。

原文:

注音:ji^{2} sən^{1} ɕi^{4} ʁa:i^{3} mbe^{1} ʁa:i^{3} van^{1} fa:ŋ^{1} ɕoŋ^{1}

直译:寅 申 巳 亥 年 亥 日 方 凶

意译:寅年、申年、巳年、亥年亥日亥方凶。

篇章意译

子年、午年、卯年、酉年酉日酉方凶,丑年、未年、辰年、戌年寅日寅方凶,寅年、申年、巳年、亥年亥日亥方凶。

说明

纠喝,水语音译,意为九代穷困,起造忌用纠喝日、纠喝方。

洪丙

原文:

注音:tsjeŋ1 hi3 van1 ȵi6 su3 van1 ha:m1 ji2 van1 ɕi5 ma:u4 van1 ɕoŋ1

直译:正 子 日 二 丑 日 三 寅 日 四 卯 日 凶

意译:正月子日、二月丑日、三月寅日、四月卯日凶。

原文:

注音:ŋo4 sən2 van1 ljok8 ɕi4 van1 ɕət7 ŋo2 pa:t7 mi6 van1 ɕoŋ1

直译:五 辰 日 六 巳 日 七 午 八 未 日 凶

意译:五月辰日、六月巳日、七月午日、八月未日凶。

原文:

注音:ȶu3 sən1 van1 sup8 ju4 van1

直译:九 申 日 十 酉 日

意译:九月申日、十月酉日凶。

原文:

注音:sup8ʔjət7 mu6 van1 sup8ȵi6 ʁa:i3 van1 ɕoŋ1

直译:十一 戌 日 十二 亥 日 凶

意译:十一月戌日、十二月亥日凶。

篇章意译

正月子日、二月丑日、三月寅日、四月卯日凶,五月辰日、六月巳日、七月午日、八月未日凶,九月申日、十月酉日、十一月戌日、十二月亥日凶。

说明

洪丙，水语音译，意为土瘟，是起造之凶神，起造忌用洪丙日、月。

闷丙

原文：

注音：tsjeŋ^{1} ɕi^{4} van^{1} ȵi^{6} ʁa:i^{3} van^{1} ha:m^{1} su^{3} van^{1} ɕi^{5} ma:u^{4} van^{1} ɕoŋ^{1}

直译：正 巳 日 二 亥 日 三 丑 日 四 卯 日 凶

意译：正月巳日、二月亥日、三月丑日、四月卯日凶。

原文：

注音：ŋo^{4} mi^{6} van^{1} ljok^{8} hət^{7} van^{1} ɕət^{7} sən^{2} van^{1} pa:t^{7} ji^{2} van^{1} ɕoŋ^{1}

直译：五 未 日 六 戌 日 七 辰 日 八 寅 日 凶

意译：五月未日、六月戌日、七月辰日、八月寅日凶。

原文：

注音：ȶu^{3} ŋo^{2} van^{1} sup^{8} lhi^{3} van^{1}

直译：九 午 日 十 子 日

意译：九月午日、十月子日凶。

原文：

注音：sup^{8}ʔjət^{7} ju^{4} van^{1} sup^{8}ȵi^{6} sən^{1} van^{1} ɕoŋ^{1}

直译：十一 酉 日 十二 申 日 凶

意译：十一月酉日、十二月申日凶。

篇章意译

正月巳日、二月亥日、三月丑日、四月卯日凶，五月未日、六月戌日、七月辰日、八月寅日凶，九月午日、十月子日、十一月酉日、十二月申日凶。

说明

闷丙，水语译音，意为天瘟，是起造之凶神，起造忌用闷丙日、月。

板共(一)

原文:

注音:hi^3 ŋo^2 ma:u^4 ju^4 mbe^1 hət^7 pjeŋ^3 van^1

直译:子 午 卯 酉 年 戌 丙 日

意译:子年、午年、卯年、酉年戌日、丙日凶。

原文:

注音:ti^6 ʔjət^7 ljok^8 pjeŋ^3 mu^6 hət^7 van^1 ɕoŋ^1

直译:第 一 六 丙 戊 戌 日 凶

意译:第一元、第六元丙戌日、戊戌日凶。

原文:

注音:su^3 mi^6 sən^2 hət^7 mbe^1 ma:u^4 ȶi^1 van^1 ɕoŋ^1

直译:丑 未 辰 戌 年 卯 己 日 凶

意译:丑年、未年、辰年、戌年卯日、己日凶。

原文:

注音:ti^6 ȵi^6 ɕi^5 ȶi^1 ma:u^4 ɕən^1 ma:u^4 van^1 ɕoŋ^1

直译:第 二 四 己 卯 辛 卯 日 凶

意译:第二元、第四元己卯日、辛卯日凶。

原文:

注音:ji^2 sən^1 ɕi^4 ʁa:i^3 mbe^1 ŋo^2 van^1 ɕoŋ^1

直译:寅 申 巳 亥 年 午 日 凶

意译:寅年、申年、巳年、亥年午日凶。

原文:

注音:ti^{6} ha:m^{1} ŋo^{4} ɕət^{7} mu^{6} ŋo^{2} qeŋ^{1} ŋo^{2} van^{1} ɕoŋ^{1}

直译:第 三 五 七 戊 午 庚 午 日 凶

意译:第三元、第五元、第七元戊午日、庚午日凶。

原文:

注音:hi^{3} ŋo^{2} ma:u^{4} ju^{4} mbe^{1}

直译:子 午 卯 酉 年

意译:子年、午年、卯年、酉年。

原文:

注音:ti^{6} ʔjət^{7} ȶi^{1} ɕi^{4} ȶa:p^{7} hət^{7} qeŋ^{1} ji^{2} van^{1} ʁa:i^{3} fa:ŋ^{1} si^{2} ɕoŋ^{1}

直译:第 一 己 巳 甲 戌 庚 寅 日 亥 方 时 凶

意译:第一元己巳日、甲戌日、庚寅日亥方亥时凶。

原文:

注音:su^{3} mi^{6} sən^{2} hət^{7} mbe^{1} ti^{6} ha:m^{1} qeŋ^{1} hət^{7} ȶui^{5} ma:u^{4} fa:ŋ^{1}

直译:丑 未 辰 戌 年 第 三 庚 戌 癸 卯 方

意译:丑年、未年、辰年、戌年第三元庚方、戌方、癸方、卯方凶。

原文:

注音:ji^{2} sən^{1} ɕi^{4} ʁa:i^{3} mbe^{1}

直译:寅 申 巳 亥 年

意译:寅年、申年、巳年、亥年。

原文:

注音:ȶa:p^{7} hi^{3} van^{1} ȶa:p^{7} ji^{2} qeŋ^{1} ŋo^{2} van^{1} sən^{1} fa:ŋ^{1} si^{2} ɕoŋ^{1}

直译:甲 子 日 甲 寅 庚 午 日 申 方 时 凶

意译:甲子日、甲寅日、庚午日申方申时凶。

篇章意译

子年、午年、卯年、酉年戌日、丙日凶，第一元、第六元丙戌日、戊戌日凶。

丑年、未年、辰年、戌年卯日、己日凶，第二元、第四元己卯日、辛卯日凶。

寅年、申年、巳年、亥年午日凶，第三元、第五元、第七元戊午日、庚午日凶。

子年、午年、卯年、酉年，第一元己巳日、甲戌日、庚寅日亥方亥时凶。

丑年、未年、辰年、戌年第三元庚方、戌方、癸方、卯方凶。

寅年、申年、巳年、亥年，甲子日、甲寅日、庚午日申方申时凶。

说明

板共，水语音译，意为屋顶破损有、漏洞，即为家里绝嗣、屋顶空洞无人修整。起造忌用板共月、日、方、时。

板共(二)

原文:

注音:tsjeŋ^{1} ɕi^{5} ɕət^{7} sup^{8} ɕən^{1} ju^{4} van^{1} mi^{6} si^{2} ɕoŋ^{1}

直译:正 四 七 十 辛 酉 日 未 时 凶

意译:正月、四月、七月、十月辛酉日未时凶。

原文:

注音:ȵi^{5} ŋo^{4} pa:t^{7} sup^{8}ʔjət^{7} ʔjət^{7} ma:u^{4} van^{1} mi^{6} ju^{4} si^{2} ɕoŋ^{1}

直译:二 五 八 十一 乙 卯 日 未 酉 时 凶

意译:二月、五月、八月、十一月乙卯日未时、酉时凶。

原文:

注音:ha:m^{1} ljok^{8} ȶu^{3} sup^{8}ȵi^{6} ʔjət^{7} mi^{6} van^{1} ji^{2} si^{2} ɕoŋ^{1}

直译:三 六 九 十二 乙 未 日 寅 时 凶

意译:三月、六月、九月、十二月乙未日寅时凶。

篇章意译

正月、四月、七月、十月辛酉日未时凶,二月、五月、八月、十一月乙卯日未时、酉时凶,三月、六月、九月、十二月乙未日寅时凶。

大棒

原文:

注音:hi^{3} ŋo^{2} ma:u^{4} ju^{4} mbe^{1}

直译:子 午 卯 酉 年

意译:子年、午年、卯年、酉年。

原文:

注音:tsjeŋ^{1} ɕi^{5} ɕət^{7} sup^{8} ti^{6} ʔjət^{7} mu^{6} sən^{1} van^{1} ɕoŋ^{1} ha:i^{2}

直译:正 四 七 十 第 一 戊 申 日 凶 棺

意译:正月、四月、七月、十月第一元戊申日死人,凶。

原文:

注音:ʂu^{3} mi^{6} sən^{2} hət^{7} mbe^{1}

直译:丑 未 辰 戌 年

意译:丑年、未年、辰年、戌年。

原文:

注音:ɲ̥i^{6} ŋo^{4} pa:t^{7} sup^{8}ʔjət^{7} ti^{6} ha:m^{1} ʈa:p^{7} hət^{7}

直译:二 五 八 十一 第 三 甲 戌

意译:二月、五月、八月、十一月第三元甲戌日。

原文:

注音:ti^{6} ŋo^{4} pjeŋ^{3} ji^{2} van^{1} ɕoŋ^{1}

直译:第 五 丙 寅 日 凶

意译:第五元丙寅日凶。

原文:

注音:ji^{2} sən^{1} ɕi^{4} ʁa:i^{3} mbe^{1}

直译:寅 申 巳 亥 年

意译:寅年、申年、巳年、亥年。

原文:

注音:ha:m^{1} ljok^{8} ţu^{3} sup^{8}ȵi^{6} ti^{6} ljok^{8} ţi^{1} ʁa:i^{3} van^{1}

直译:三 六 九 十二 第 六 己 亥 日

意译:三月、六月、九月、十二月第六元己亥日。

原文:

注音:ti^{6} ɕət^{7} mu^{6} ŋo^{2} van^{1} ɕoŋ^{1} ha:i^{2}

直译:第 七 戊 午 日 凶 棺

意译:第七元戊午日死人,凶。

篇章意译

子年、午年、卯年、酉年,正月、四月、七月、十月第一元戊申日死人,凶。丑年、未年、辰年、戌年,二月、五月、八月、十一月第三元甲戌日,第五元丙寅日凶。寅年、申年、巳年、亥年,三月、六月、九月、十二月第六元己亥日,第七元戊午日死人,凶。

说明

大棒,水语音译,水书条目名称,意为大垮台。起造忌用大棒日。

姑刀空房

原文：

注音：hi^{3} ŋo^{2} ma:u^{4} ju^{4} mbe^{1}

直译：子 午 卯 酉 年

意译：子年、午年、卯年、酉年。

原文：

注音：tsjeŋ^{1} ɕi^{5} ɕət^{7} sup^{8} mu^{6} ŋo^{2} van^{1} ɕoŋ^{1}

直译：正 四 七 十 戊 午 日 凶

意译：正月、四月、七月、十月戊午日凶。

原文：

注音：su^{3} mi^{6} sən^{2} hət^{7} mbe^{1}

直译：丑 未 辰 戌 年

意译：丑年、未年、辰年、戌年。

原文：

注音：ȵi^{6} ŋo^{4} pa:t^{7} sup^{8}ʔjət^{7} ȶi^{1} ma:u^{4} mu^{6} ji^{2} van^{1} ɕoŋ^{1}

直译：二 五 八 十一 己 卯 戊 寅 日 凶

意译：二月、五月、八月、十一月己卯日、戊寅日凶。

原文：

注音：ji^{2} sən^{1} ɕi^{4} ʁa:i^{3} mbe^{1}

直译：寅 申 巳 亥 年

意译：寅年、申年、巳年、亥年。

原文:

注音:ha:m^{1}　ljok^{8}　ȶu^{3}　sup^{8}ȵi^{6}　ȵum^{2}　hi^{3}　van^{1}　ɕoŋ^{1}

直译:三　六　九　十二　壬　子　日　凶

意译:三月、六月、九月、十二月壬子日凶。

篇章意译

子年、午年、卯年、酉年,正月、四月、七月、十月戊午日凶。

丑年、未年、辰年、戌年,二月、五月、八月、十一月己卯日、戊寅日凶。

寅年、申年、巳年、亥年,三月、六月、九月、十二月壬子日凶。

说明

姑刀,水语音译,意为火把,姑刀空房指火烧一切而变空,起造忌用与之相关的日子。

姑底空房

原文:
注音:ti^{6} ʔjət^{7} ʔjit^{7} su^{3} van^{1} mu^{6} ji^{2} van^{1} ɕoŋ^{1}
直译:第 一 乙 丑 日 戊 寅 日 凶
意译:第一元乙丑日、戊寅日凶。

原文:
注音:ti^{6} ha:m^{1} ȶa:p^{7} ŋo^{2} van^{1} ha:i^{2} ɕoŋ^{1}
直译:第 三 甲 午 日 棺 凶
意译:第三元甲午日死人,凶。

原文:
注音:ti^{6} ȵi^{6} ȶui^{5} ju^{4} van^{1} ɕi^{5} ha:i^{2} ɕoŋ^{1}
直译:第 二 癸 酉 日 四 棺 凶
意译:第二元癸酉日死四人,凶。

原文:
注音:ti^{6} ɕi^{5} ȶui^{5} mi^{6} van^{1} ȶi^{1} ɕi^{4} van^{1} ha:i^{2} ɕoŋ^{1}
直译:第 四 癸 未 日 己 巳 日 棺 凶
意译:第四元癸未日、己巳日死人,凶。

原文:
注音:ti^{6} ŋo^{4} ʔjit^{7} su^{3} van^{1} ȶa:p^{7} hət^{7} van^{1} ha:i^{2} ɕoŋ^{1}
直译:第 五 乙 丑 日 甲 戌 日 棺 凶
意译:第五元乙丑日、甲戌日死人,凶。

原文:

注音:ti^{6} ljok^{8} ʈi^{1} ʁa:i^{3} van^{1} ʔjit^{7} su^{3} van^{1} ha:i^{2} ɕoŋ^{1}

直译:第 六 己 亥 日 乙 丑 日 棺 凶

意译:第六元己亥日、乙丑日死人,凶。

原文:

注音:ti^{6} ɕət^{7} ɕən^{1} mi^{6} van^{1} ha:i^{2} ɕoŋ^{1}

直译:第 七 辛 未 日 棺 凶

意译:第七元辛未日死人,凶。

篇章意译

第一元乙丑日、戊寅日凶。第二元癸酉日死四人,凶。第三元甲午日死人,凶。第四元癸未日、己巳日死人,凶。第五元乙丑日、甲戌日死人,凶。第六元己亥日、乙丑日死人,凶。第七元辛未日死人,凶。

说明

姑底空房是指在某元内的空房日,起造忌用姑底空房日。

姑臭

原文：				
注音：hi^{3}	ŋo^{2}	ma:u^{4}	ju^{4}	mbe^{1}
直译：子	午	卯	酉	年

意译：子年、午年、卯年、酉年。

原文：						
注音：tsjeŋ^{1}	ɕi^{5}	ɕət^{7}	sup^{8}	ɕən^{1}	mi^{6}	van^{1}
直译：正	四	七	十	辛	未	日

意译：正月、四月、七月、十月辛未日凶。

原文：										
注音：ti^{6}	ʔjət^{7}	ti^{6}	ɕət^{7}	ʔjit^{7}	mi^{6}	van^{1}	ţi^{1}	mi^{6}	van^{1}	ɕoŋ^{1}
直译：第	一	第	七	乙	未	日	己	未	日	凶

意译：第一元、第七元乙未日、己未日凶。

原文：				
注音：su^{3}	mi^{6}	sən^{2}	hət^{7}	mbe^{1}
直译：丑	未	辰	戌	年

意译：丑年、未年、辰年、戌年。

原文：						
注音：ȵi^{6}	ŋo^{4}	pa:t^{7}	sup^{8}ʔjət^{7}	ɕən^{1}	ma:u^{4}	van^{1}
直译：二	五	八	十一	辛	卯	日

意译：二月、五月、八月、十一月辛卯日凶。

原文:

注音:ti^{6} ȵi^{6} ti^{6} ŋo^{4} tjeŋ^{1} ma:u^{4} van^{1}

直译:第 二 第 五 丁 卯 日

意译:第二元、第五元丁卯日。

原文:

注音:ȶui^{5} ma:u^{4} van^{1} ɕən^{1} ma:u^{4} van^{1} ɕoŋ^{1}

直译:癸 卯 日 辛 卯 日 凶

意译:癸卯日、辛卯日凶。

原文:

注音:ji^{2} sən^{1} ɕi^{4} ʁa:i^{3} mbe^{1}

直译:寅 申 巳 亥 年

意译:寅年、申年、巳年、亥年。

原文:

注音:ha:m^{1} ljok^{8} ȶu^{3} sup^{8}ȵi^{6} qeŋ^{1} hi^{3} van^{1} ɕoŋ^{1}

直译:三 六 九 十二 庚 子 日 凶

意译:三月、六月、九月、十二月庚子日凶。

原文:

注音:ti^{6} ɕi^{5} ti^{6} ljok^{8} mu^{6} hi^{3} van^{1} qeŋ^{1} hi^{3} van^{1} ɕoŋ^{1}

直译:第 四 第 六 戊 子 日 庚 子 日 凶

意译:第四元、第六元戊子日、庚子日凶。

篇章意译

子年、午年、卯年、酉年,正月、四月、七月、十月辛未日凶,第一元、第七元乙未日、己未日凶。

丑年、未年、辰年、戌年，二月、五月、八月、十一月辛卯日凶，第二元、第五元丁卯日、癸卯日、辛卯日凶。

寅年、申年、巳年、亥年，三月、六月、九月、十二月庚子日凶，第四元、第六元戊子日、庚子日凶。

说明

姑臭，水语音译，是绿眼之意，起造忌用姑臭日。

几拜杆枚

原文:

注音:tsjeŋ^{1} ŋo^{4} ȶu^{3} mu^{6} ji^{2} van^{1} ma:u^{4} si^{2} ɕoŋ^{1}

直译:正 五 九 戊 寅 日 卯 时 凶

意译:正月、五月、九月戊寅日卯时凶。

原文:

注音:ȵi^{6} ljok^{8} sup^{8} mu^{6} sən^{1} van^{1} ŋo^{2} si^{2}

直译:二 六 十 戊 申 日 午 时

意译:二月、六月、十月戊申日午时凶。

原文:

注音:ha:m^{1} ɕət^{7} sup^{8}ʔjət^{7} mu^{6} ŋo^{2} van^{1} ŋo^{2} si^{2} ɕoŋ^{1}

直译:三 七 十一 戊 午 日 午 时 凶

意译:三月、七月、十一月戊午日午时凶。

原文:

注音:ɕi^{5} pa:t^{7} sup^{8}ȵi^{6} ʔjit^{7} ɕi^{4} van^{1} ɕi^{4} si^{2} ɕoŋ^{1}

直译:四 八 十二 乙 巳 日 巳 时 凶

意译:四月、八月、十二月乙巳日巳时凶。

篇章意译

正月、五月、九月戊寅日卯时凶。

二月、六月、十月戊申日午时凶。

三月、七月、十一月戊午日午时凶。
四月、八月、十二月乙巳日巳时凶。

说明

几拜杆枚，水语音译，是指入新居所时应忌的日时。

三杀

原文:

注音:sən^{1} hi^{3} sən^{2} mbe^{1} tsi^{1} ɕi^{4} ŋo^{2} mi^{6} fa:ŋ^{1} ɕoŋ^{1}

直译:申 子 辰 年 忌 巳 午 未 方 凶

意译:申年、子年、辰年忌巳方、午方、未方。

原文:

注音:ɕi^{4} ju^{4} su^{3} mbe^{1} tsi^{1} ji^{2} ma:u^{4} sən^{2} fa:ŋ^{1} ɕoŋ^{1}

直译:巳 酉 丑 年 忌 寅 卯 辰 方 凶

意译:巳年、酉年、丑年忌寅方、卯方、辰方。

原文:

注音:ji^{2} ŋo^{2} hət^{7} mbe^{1} tsi^{1} ʁa:i^{3} hi^{3} su^{3} fa:ŋ^{1} ɕoŋ^{1}

直译:寅 午 戌 年 忌 亥 子 丑 方 凶

意译:寅年、午年、戌年忌亥方、子方、丑方。

原文:

注音:ʁa:i^{3} ma:u^{4} mi^{6} mbe^{1} tsi^{1} sən^{1} ju^{4} hət^{7} fa:ŋ^{1} ɕoŋ^{1}

直译:亥 卯 未 年 忌 申 酉 戌 方 凶

意译:亥年、卯年、未年忌申方、酉方、戌方。

篇章意译

申年、子年、辰年忌巳方、午方、未方。

巳年、酉年、丑年忌寅方、卯方、辰方。

寅年、午年、戌年忌亥方、子方、丑方。
亥年、卯年、未年忌申方、酉方、戌方。

说明

起造忌用三杀日、三杀方。

万花(一)

原文:
注音:tsjeŋ^{1} ɕi^{5} ɕət^{7} sup^{8} njen^{2} fa^{3} ʈu^{2}
直译:正 四 七 十 月 火 巨
意译:正月、四月、七月、十月属火,逢巨星。

原文:
注音:ti^{6} ʔjət^{7} ti^{6} ɕət^{7} ʈa:p^{7} hi^{3} tha:m^{1} van^{1}
直译:第 一 第 七 甲 子 贪 日
意译:第一元、第七元甲子日逢贪星。

原文:
注音:ʔjit^{7} su^{3} van^{1} ʈu^{2} ʈa:p^{7} hət^{7} van^{1} ʈu^{2}
直译:乙 丑 日 巨 甲 戌 日 巨
意译:乙丑日、甲戌日逢巨星。

原文:
注音:ʈui^{5} mi^{6} ɳum^{2} sən^{2} van^{1} ʈu^{2} ɕən^{1} su^{3}
直译:癸 未 壬 辰 日 巨 辛 丑
意译:癸未日、壬辰日、辛丑日逢巨星。

原文:
注音:qeŋ^{1} hət^{7} van^{1} ʈu^{2} ʈi^{1} mi^{6} van^{1} ʈu^{2} fa^{3} ɕoŋ^{1}
直译:庚 戌 日 巨 己 未 日 巨 火 凶
意译:庚戌日、己未日逢巨星,属火凶。

原文：

注音：ȵi^{6} ŋo^{4} pa:t^{7} sup^{8}ʔjət^{7} fan^{2} fa^{3}

直译：二 五 八 十一 文 火

意译：二月、五月、八月、十一月逢文星，属火。

原文：

注音：ti^{6} ȵi^{6} ŋo^{4} ʨa:p^{7} hi^{3} fan^{2}

直译：第 二 五 甲 子 文

意译：第二元、第五元甲子日逢文星。

原文：

注音：ʨui^{5} ju^{4} fan^{2} ȵum^{2} ŋo^{2} fan^{2} ɕən^{1} ma:u^{4} fan^{2} ɕoŋ^{1}

直译：癸 酉 文 壬 午 文 辛 卯 文 凶

意译：癸酉日、壬午日、辛卯日逢文星凶。

原文：

注音：ha:m^{1} ljok^{8} ʨu^{3} sup^{8}ȵi^{6} ʃu^{4} fa^{3}

直译：三 六 九 十二 武 火

意译：三月、六月、九月、十二月逢武星，属火。

原文：

注音：ti^{6} ha:m^{1} ljok^{8} ʨa:p^{7} hi^{3} pho^{5}

直译：第 三 六 甲 子 破

意译：第三元、第六元甲子日逢破星。

原文：

注音：ȵum^{2} sən^{1} fu^{4} ɕən^{1} ɕi^{4} ʨi^{1} ɕi^{4} van^{1} fu^{4}

直译：壬 申 武 辛 巳 己 巳 日 武

意译：壬申日、辛巳日、己巳日逢武星。

原文:

注音:qeŋ^1 ji^2 ʈi^1 ʁa:i^3 van^1 fu^4 mu^6 sən^1 tjeŋ^1 ɕi^4 van^1 fu^4 fa^3 ɕoŋ^1

直译:庚 寅 己 亥 日 武 戊 申 丁 巳 日 武 火 凶

意译:庚寅日、己亥日、戊申日、丁巳日逢武星,属火凶。

篇章意译

正月、四月、七月、十月属火,逢巨星。第一元、第七元甲子日逢贪星,乙丑日逢巨星,甲戌日逢巨星,癸未日、壬辰日、辛丑日、庚戌日、己未日逢巨星,属火,凶。

二月、五月、八月、十一月逢文星,属火。第二元、第五元甲子日、癸酉日、壬午日、辛卯日逢文星,凶。

三月、六月、九月、十二月逢武星,属火。第三元、第六元甲子日逢破星,壬申日、辛巳日、己巳日逢武星,庚寅日、己亥日、戊申日、丁巳日逢武星,属火,凶。

说明

万花,水语音译,意为火日,是起造之凶日。

月要日

原文:
注音:tsjeŋ^{1} ɕi^{5} ɕət^{7} sup^{8} ȶa:p^{7} hi^{3} ʔjit^{7} su^{3} pjeŋ^{3} ji^{2} van^{1} ɕoŋ^{1}
直译:正 四 七 十 甲 子 乙 丑 丙 寅 日 凶
意译:正月、四月、七月、十月甲子日、乙丑日、丙寅日凶。

原文:
注音:tjeŋ^{1} ma:u^{4} mu^{6} sən^{2} van^{1} ȶət^{7}
直译:丁 卯 戊 辰 日 吉
意译:丁卯日、戊辰日吉。

原文:
注音:ȶi^{1} ɕi^{4} qeŋ^{1} ŋo^{2} van^{1} ɕoŋ^{1} ɕən^{1} mi^{6} van^{1} ȶət^{7}
直译:己 巳 庚 午 日 凶 辛 未 日 吉
意译:己巳日、庚午日凶,辛未日吉。

原文:
注音:ȵum^{2} sən^{1} ȶui^{5} ju^{4} ȶa:p^{7} hət^{7} ʔjit^{7} ʁa:i^{3} ɕoŋ^{1}
直译:壬 申 癸 酉 甲 戌 乙 亥 凶
意译:壬申日、癸酉日、甲戌日、乙亥日凶。

原文:
注音:pjeŋ^{3} hi^{3} tjeŋ^{1} su^{3} van^{1} ȶət^{7}
直译:丙 子 丁 丑 日 吉
意译:丙子日、丁丑日吉。

原文:
注音:mu^{6} ji^{2} ȶi^{1} ma:u^{4} van^{1} ɕoŋ^{1}
直译:戊 寅 己 卯 日 凶
意译:戊寅日、己卯日凶。

原文:
注音:qeŋ^{1} sən^{2} van^{1} ȶət^{7} ɕən^{1} ɕi^{4} van^{1} ɕoŋ^{1}
直译:庚 辰 日 吉 辛 巳 日 凶
意译:庚辰日吉,辛巳日凶。

原文:
注音:ȵum^{2} ŋo^{2} van^{1} ȶət^{7} ȶui^{5} mi^{6} van^{1} ɕoŋ^{1}
直译:壬 午 日 吉 癸 未 日 凶
意译:壬午日吉,癸未日凶。

原文:
注音:ȶa:p^{7} sən^{1} van^{1} ʔjit^{7} ju^{4} pjeŋ^{3} hət^{7} van^{1} ȶət^{7}
直译:甲 申 日 乙 酉 丙 戌 日 吉
意译:甲申日、乙酉日、丙戌日吉。

原文:
注音:tjeŋ^{1} ʁa:i^{3} mu^{6} hi^{3} van^{1} ɕoŋ^{1} ȶi^{1} su^{3} van^{1} ȶət^{7} qeŋ^{1} ji^{2} ɕən^{1} ma:u^{4}
直译:丁 亥 戊 子 日 凶 己 丑 日 吉 庚 寅 辛 卯
意译:丁亥日、戊子日凶,乙丑日吉,庚寅日、辛卯日凶。

原文:
注音:ȵum^{2} sən^{2} van^{1} ɕoŋ^{1} ȶui^{5} ɕi^{4} ȶa:p^{7} ŋo^{2} ʔjit^{7} mi^{6} van^{1} ȶət^{7}
直译:壬 辰 日 凶 癸 巳 甲 午 乙 未 日 吉
意译:壬辰日凶,癸巳日、甲午日、乙未日吉。

原文:
注音:pjeŋ^3 sən^1 tjeŋ^1 ju^4 van^1 ɕoŋ^1
直译:丙 申 丁 酉 日 凶
意译:丙申日、丁酉日凶。

原文:
注音:mu^6 hət^7 van^1 ʈət^7 ʈi^1 ʁa:i^3 ɕoŋ^1
直译:戊 戌 日 吉 己 亥 凶
意译:戊戌日吉,己亥日凶。

原文:
注音:qeŋ^1 hi^3 van^1 ʈət^7 ɕən^1 su^3 van^1 ɕoŋ^1
直译:庚 子 日 吉 辛 丑 日 凶
意译:庚子日吉,辛丑日凶。

原文:
注音:ȵum^2 ji^2 van^1 ʈui^5 ma:u^4 ʈa:p^7 sən^2 van^1 ʈət^7
直译:壬 寅 日 癸 卯 甲 辰 日 吉
意译:壬寅日、癸卯日、甲辰日吉。

原文:
注音:ʔjit^7 ɕi^4 pjeŋ^3 ŋo^2 van^1 ɕoŋ^1
直译:乙 巳 丙 午 日 凶
意译:乙巳日、丙午日凶。

原文:
注音:tjeŋ^1 mi^6 van^1 ʈət^7 mu^6 sən^1 van^1 ɕoŋ^1
直译:丁 未 日 吉 戊 申 日 凶
意译:丁未日吉,戊申日凶。

原文:

注音:ȶi^{1} ju^{4} van^{1} ȶət^{7}

直译:己 酉 日 吉

意译:己酉日吉。

原文:

注音:qeŋ^{1} hət^{7} ɕən^{1} ʁa:i^{3} ȵum^{2} hi^{3} van^{1} ɕoŋ^{1} ȶui^{5} su^{3} van^{1} ȶət^{7}

直译:庚 戌 辛 亥 壬 子 日 凶 癸 丑 日 吉

意译:庚戌日、辛亥日、壬子日凶,癸丑日吉。

原文:

注音:ȶa:p^{7} ji^{2} van^{1} ȶət^{7} ʔjit^{7} ma:u^{4} van^{1} ɕoŋ^{1}

直译:甲 寅 日 吉 乙 卯 日 凶

意译:甲寅日吉,乙卯日凶。

原文:

注音:pjeŋ^{3} sən^{2} van^{1} ȶət^{7} tjeŋ^{1} ɕi^{4} van^{1} ɕoŋ^{1}

直译:丙 辰 日 吉 丁 巳 日 凶

意译:丙辰日吉,丁巳日凶。

原文:

注音:mu^{6} ŋo^{2} ȶi^{1} mi^{6} ȶət^{7}

直译:戊 午 己 未 吉

意译:戊午日、己未日吉。

原文:

注音:qeŋ^{1} sən^{1} ɕən^{1} ju^{4} ȵum^{2} hət^{7} ȶui^{5} ʁa:i^{3} van^{1} ɕoŋ^{1}

直译:庚 申 辛 酉 壬 戌 癸 亥 日 凶

意译:庚申日、辛酉日、壬戌日、癸亥日凶。

原文:

注音:ŋ̥i^{6} ŋo^{4} pa:t^{7} sup^{8}ʔjət^{7} njen^{2} ţa:p^{7} hi^{3} van^{1} ɕoŋ^{1}

直译:二 五 八 十一 月 甲 子 日 凶

意译:二月、五月、八月、十一月甲子日凶。

原文:

注音:ʔjit^{7} su^{3} pjeŋ^{3} ji^{2} van^{1} ţət^{7}

直译:乙 丑 丙 寅 日 吉

意译:乙丑日、丙寅日吉。

原文:

注音:tjeŋ^{1} ma:u^{4} mu^{6} sən^{2} van^{1} ɕoŋ^{1} ţi^{1} ɕi^{4} van^{1} ţət^{7}

直译:丁 卯 戊 辰 日 凶 己 巳 日 吉

意译:丁卯日、戊辰日凶,己巳日吉。

原文:

注音:qeŋ^{1} ŋo^{2} van^{1} ɕoŋ^{1} ɕən^{1} mi^{6} van^{1} ţət^{7}

直译:庚 午 日 凶 辛 未 日 吉

意译:庚午日凶,辛未日吉。

原文:

注音:ŋ̥um^{2} sən^{1} ţui^{5} ju^{4} ţa:p^{7} hət^{7} van^{1} ɕoŋ^{1} ʔjit^{7} ʁa:i^{3} van^{1} ţət^{7}

直译:壬 申 癸 酉 甲 戌 日 凶 乙 亥 日 吉

意译:壬申日、癸酉日、甲戌日凶,乙亥日吉。

原文:

注音:pjeŋ^{3} hi^{3} tjeŋ^{1} su^{3} van^{1} ɕoŋ^{1} qeŋ^{1} sən^{2} van^{1} ţət^{7} mu^{6} ji^{2} ţət^{7}

直译:丙 子 丁 丑 日 凶 庚 辰 日 吉 戊 寅 吉

意译:丙子日、丁丑日凶,庚辰日、戊寅吉。

原文:

注音:ȶi^{1} ma:u^{4} van^{1} ɕoŋ^{1} ɕən^{1} ɕi^{4} ȶui^{5} mi^{6}

直译:己 卯 日 凶 辛 巳 癸 未

意译:己卯日、辛巳日、癸未日凶。

原文:

注音:ȵum^{2} ŋo^{2} van^{1} ɕoŋ^{1} ȶa:p^{7} sən^{1} van^{1} ɕoŋ^{1}

直译:壬 午 日 凶 甲 申 日 凶

意译:壬午日、甲申日凶。

原文:

注音:ʔjit^{7} ju^{4} pjeŋ^{3} hət^{7} van^{1} ɕoŋ^{1} tjeŋ^{1} ʁa:i^{3} ȶət^{7} mu^{6} hi^{3} van^{1} ɕoŋ^{1}

直译:乙 酉 丙 戌 日 凶 丁 亥 吉 戊 子 日 凶

意译:乙酉日、丙戌日凶,丁亥日吉,戊子日凶。

原文:

注音:ȶi^{1} su^{3} van^{1} ȶət^{7} qeŋ^{1} ji^{2} ɕən^{1} ma:u^{4} van^{1} ɕoŋ^{1}

直译:己 丑 日 吉 庚 寅 辛 卯 日 凶

意译:己丑日吉,庚寅日、辛卯日凶。

原文:

注音:ȵum^{2} sən^{2} van^{1} ɕoŋ^{1}

直译:壬 辰 日 凶

意译:壬辰日凶。

原文:

注音:ȶui^{5} ɕi^{4} ȶət^{7} ȶa:p^{7} ŋo^{2} van^{1} ɕoŋ^{1}

直译:癸 巳 吉 甲 午 日 凶

意译:癸巳日吉,甲午日凶。

原文：

注音：ʔjit^{7} mi^{6} van^{1} pjeŋ^{3} sən^{1} van^{1} ȶət^{7}

直译：乙 未 日 丙 申 日 吉

意译：乙未日、丙申日吉。

原文：

注音：tjeŋ^{1} ju^{4} van^{1} ɕoŋ^{1} mu^{6} hət^{7} van^{1} ȶət^{7}

直译：丁 酉 日 凶 戊 戌 日 吉

意译：丁酉日凶，戊戌日吉。

原文：

注音：ȶi^{1} ʁa:i^{3} qeŋ^{1} hi^{3} ɕən^{1} su^{3} van^{1} ɕoŋ^{1}

直译：己 亥 庚 子 辛 丑 日 凶

意译：己亥日、庚子日、辛丑日凶。

原文：

注音：ȵum^{2} ji^{2} van^{1} ɕoŋ^{1} ȶui^{5} ma:u^{4} van^{1} ȶət^{7}

直译：壬 寅 日 凶 癸 卯 日 吉

意译：壬寅日凶，癸卯日吉。

原文：

注音：ȶa:p^{7} sən^{2} van^{1} ɕoŋ^{1} ʔjit^{7} ɕi^{4} van^{1} ȶət^{7}

直译：甲 辰 日 凶 乙 巳 日 吉

意译：甲辰日凶，乙巳日吉。

原文：

注音：pjeŋ^{3} ŋo^{2} van^{1} ɕoŋ^{1} tjeŋ^{1} mi^{6} van^{1} ɕoŋ^{1}

直译：丙 午 日 凶 丁 未 日 凶

意译：丙午日、丁未日凶。

原文:

注音:mu^{6} sən^{1} ȶi^{1} ju^{4} qeŋ^{1} hət^{7} van^{1} ɕoŋ^{1}

直译:戊 申 己 酉 庚 戌 日 凶

意译:戊申日、己酉日、庚戌日凶。

原文:

注音:ɕən^{1} ʁa:i^{3} van^{1} ȶət^{7} ȵum^{2} hi^{3} van^{1} ȶət^{7}

直译:辛 亥 日 吉 壬 子 日 吉

意译:辛亥日、壬子日吉。

原文:

注音:ȶui^{5} su^{3} ȶa:p^{7} ji^{2} van^{1} ɕoŋ^{1}

直译:癸 丑 甲 寅 日 凶

意译:癸丑日、甲寅日凶。

原文:

注音:ʔjit^{7} ma:u^{4} van^{1} ɕoŋ^{1} pjeŋ^{3} hət^{7} tjeŋ^{1} ɕi^{4} van^{1} ȶət^{7}

直译:乙 卯 日 凶 丙 戌 丁 巳 日 吉

意译:乙卯日凶,丙戌日、丁巳日吉。

原文:

注音:mu^{6} ŋo^{2} ȶi^{1} mi^{6} qeŋ^{1} sən^{1} van^{1} ȶət^{7}

直译:戊 午 己 未 庚 申 日 吉

意译:戊午日、己未日、庚申日吉。

原文:

注音:ȵum^{2} hət^{7} ȶui^{5} ʁa:i^{3} van^{1} ɕoŋ^{1}

直译:壬 戌 癸 亥 日 凶

意译:壬戌日、癸亥日凶。

原文:

注音:ha:m^{1} ljok^{8} ţu^{3} sup^{8}ȵi^{6} ţa:p^{7} hi^{3} van^{1} ɕoŋ^{1}

直译:三 六 九 十二 甲 子 日 凶

意译:三月、六月、九月、十二月甲子日凶。

原文:

注音:pjeŋ^{3} ji^{2} tjeŋ^{1} ma:u^{4} van^{1} ţət^{7}

直译:丙 寅 丁 卯 日 吉

意译:丙寅日、丁卯日吉。

原文:

注音:mu^{6} sən^{2} ţi^{1} ɕi^{4} van^{1} ɕoŋ^{1}

直译:戊 辰 己 巳 日 凶

意译:戊辰日、己巳日凶。

原文:

注音:qeŋ^{1} ŋo^{2} van^{1} ţət^{7} ɕən^{1} mi^{6} van^{1} ɕoŋ^{1}

直译:庚 午 日 吉 辛 未 日 凶

意译:庚午日吉,辛未日凶。

原文:

注音:ȵum^{2} sən^{1} van^{1} ţət^{7} ţui^{5} ju^{4} van^{1} ţa:p^{7} hət^{7} van^{1} ɕoŋ^{1}

直译:壬 申 日 吉 癸 酉 日 甲 戌 日 凶

意译:壬申日吉,癸酉日、甲戌日凶。

原文:

注音:ʔjit^{7} ʁa:i^{3} pjeŋ^{3} hi^{3} ţət^{7}

直译:乙 亥 丙 子 吉

意译:乙亥日、丙子日吉。

原文:

注音:tjeŋ^{1} su^{3} mu^{6} ji^{2} van^{1} ɕoŋ^{1} ʨi^{1} ma:u^{4} ʨət^{7} qeŋ^{1} sən^{2} van^{1} ɕoŋ^{1}

直译:丁 丑 戊 寅 日 凶 己 卯 吉 庚 辰 日 凶

意译:丁丑日、戊寅日凶,己卯日吉,庚辰日凶。

原文:

注音:ɕən^{1} ɕi^{4} van^{1} ʨət^{7} ȵum^{2} ŋo^{2} van^{1} ʨui^{5} mi^{6} van^{1} ɕoŋ^{1}

直译:辛 巳 日 吉 壬 午 日 癸 未 日 凶

意译:辛巳日吉,壬午日、癸未日凶。

原文:

注音:ʨa:p^{7} sən^{1} van^{1} ʨət^{7} pjeŋ^{3} hət^{7} van^{1} ɕoŋ^{1}

直译:甲 申 日 吉 丙 戌 日 凶

意译:甲申日吉,丙戌日凶。

原文:

注音:tjeŋ^{1} ʁa:i^{3} mu^{6} hi^{3} van^{1} ʨət^{7} ʨi^{1} su^{3} van^{1} ɕoŋ^{1}

直译:丁 亥 戊 子 日 吉 己 丑 日 凶

意译:丁亥日、戊子日吉,己丑日凶。

原文:

注音:qeŋ^{1} ji^{2} van^{1} ʨət^{7} ɕən^{1} ma:u^{4} van^{1} ɕoŋ^{1}

直译:庚 寅 日 吉 辛 卯 日 凶

意译:庚寅日吉,辛卯日凶。

原文:

注音:ȵum^{2} sən^{2} ʨui^{5} ɕi^{4} van^{1} ɕoŋ^{1} ʨa:p^{7} ŋo^{2} van^{1} ʨət^{7} ʔjit^{7} mi^{6}

直译:壬 辰 癸 巳 日 凶 甲 午 日 吉 乙 未

意译:壬辰日、癸巳日凶,甲午日吉,乙未日凶。

原文：

注音：pjeŋ^{3} sən^{1} van^{1} ɕoŋ^{1} tjeŋ^{1} ju^{4} van^{1} ʈət^{7}

直译：丙 申 日 凶 丁 酉 日 吉

意译：丙申日凶，丁酉日吉。

原文：

注音：mu^{6} hət^{7} ʈi^{1} ʁa:i^{3} qeŋ^{1} hi^{3} ɕən^{1} su^{3} van^{1} ɕoŋ^{1}

直译：戊 戌 己 亥 庚 子 辛 丑 日 凶

意译：戊戌日、己亥日、庚子日、辛丑日凶。

原文：

注音：ȵum^{2} ji^{2} ʈui^{5} ma:u^{4} van^{1} ʈət^{7}

直译：壬 寅 癸 卯 日 吉

意译：壬寅日、癸卯日吉。

原文：

注音：ʈa:p^{7} sən^{2} ʔjit^{7} ɕi^{4} van^{1} ɕoŋ^{1} pjeŋ^{3} ŋo^{2} ʈət^{7} tjeŋ^{1} mi^{6} van^{1} ɕoŋ^{1}

直译：甲 辰 乙 巳 日 凶 丙 午 吉 丁 未 日 凶

意译：甲辰日、乙巳日凶，丙午日吉，丁未日凶。

原文：

注音：mu^{6} sən^{1} van^{1} ʈət^{7} ʈi^{1} ju^{4} van^{1} ɕoŋ^{1} qeŋ^{1} hət^{7} van^{1} ʈət^{7}

直译：戊 申 日 吉 己 酉 日 凶 庚 戌 日 吉

意译：戊申日吉，己酉日凶，庚戌日吉。

原文：

注音：ɕən^{1} ʁa:i^{3} van^{1} ȵum^{2} hi^{3} van^{1} ʈət^{7}

直译：辛 亥 日 壬 子 日 吉

意译：辛亥日、壬子日吉。

原文:
注音:ȶui^{5} su^{3} van^{1} ȶət^{7} ȶa:p^{7} ji^{2} ɕoŋ^{1}
直译:癸 丑 日 吉 甲 寅 凶
意译:癸丑日吉,甲寅日凶。

原文:
注音:ʔjit^{7} ma:u^{4} ȶət^{7} pjeŋ^{3} sən^{2} ɕoŋ^{1} tjeŋ^{1} ɕi^{4} van^{1} ȶət^{7}
直译:乙 卯 吉 丙 辰 凶 丁 巳 日 吉
意译:乙卯日吉,丙辰日凶,丁巳日吉。

原文:
注音:mu^{6} ŋo^{2} ȶi^{1} mi^{6} van^{1} ɕoŋ^{1}
直译:戊 午 己 未 日 凶
意译:戊午日、己未日凶。

原文:
注音:qeŋ^{1} sən^{1} van^{1} ɕoŋ^{1} ɕən^{1} ju^{4} ȵum^{2} hət^{7} van^{1} ȶət^{7}
直译:庚 申 日 凶 辛 酉 壬 戌 日 吉
意译:庚申日凶,辛酉日、壬戌日吉。

原文:
注音:ȶui^{5} ʁa:i^{3} van^{1} ɕoŋ^{1}
直译:癸 亥 日 凶
意译:癸亥日凶。

篇章意译

正月、四月、七月、十月甲子日、乙丑日、丙寅日凶,丁卯日、戊辰日吉,己巳日、庚午日凶,辛未日吉,壬申日、癸酉日、甲戌日、乙亥日凶,丙子日、丁丑日吉，戊寅日、己卯日凶，庚辰日吉，辛巳日凶，壬午日吉，癸未日凶，甲申日、乙酉日、丙戌日吉，丁亥日、戊子日凶，己丑日吉，庚寅日、辛卯日、壬辰日凶，癸巳日、甲午日、乙未日吉，丙申日、丁酉日凶，戊戌日吉，己亥日凶，庚子日吉，辛丑日凶，壬寅日、癸卯日、甲辰日吉，乙巳日、丙午日凶，丁击日吉，戊申日凶，己酉日吉，庚戌日、辛亥日、壬子日凶，癸丑日、甲寅日吉，乙卯日凶，丙辰日吉，丁巳日凶，戊午日、己未日吉，庚申日、辛酉日、壬戌日、癸亥日凶。

二月、五月、八月、十一月甲子日凶，乙丑日、丙寅日吉，丁卯日、戊辰日凶，己巳日吉，庚午日凶，辛未日吉，壬申日、癸酉日、甲戌日凶，乙亥日吉，丙子日、丁丑日凶，庚辰日、戊寅日吉，己卯日、辛巳日、癸未日、壬午日、甲申日、乙酉日、丙戌日凶，丁亥日吉，戊子日凶，己丑日吉，庚寅日、辛卯日、壬辰日凶，癸巳日吉，甲午日凶，乙未日、丙申日吉，丁酉日凶，戊戌日吉，己亥日、庚子日、辛丑日、壬寅日凶，癸卯日吉，甲辰日凶，乙巳日吉，丙午日、丁未日、戊申日、己酉日、庚戌日凶，辛亥日、壬子日吉，癸丑日、甲寅日、乙卯日凶，丙戌日、丁巳日、戊午日、己未日、庚申日吉，壬戌日，癸亥日凶。

三月、六月。九月、十二月甲子日凶，丙寅日、丁卯日吉，戊辰日、己巳日凶，庚午日吉，辛未日凶，壬申日吉，癸酉日、甲戌日凶，乙亥日、丙了日吉，丁丑日、戊寅日凶，己卯日吉，庚辰日凶，辛巳日吉，壬午日、癸未日凶，甲申日吉，丙戌日凶，丁亥日、戊子日吉，己丑日凶，庚寅日吉，辛卯日、壬辰日、癸巳日凶，甲午日吉，乙未日、丙申日凶，丁酉日吉，戊戌日、己亥日、庚子日、辛丑日凶，壬寅日。癸卯日吉，甲辰日、乙巳日凶，丙午日吉，丁未日凶，戊申日吉，己酉日凶，庚戌日、辛亥日、壬子日、癸丑日吉，甲寅日凶，乙卯日吉，丙辰日凶，丁巳日吉，戊午日、己未日、庚申日凶，辛酉日、壬戌日吉，癸亥日凶。

说明

月要日是指十二个月六十吉凶日定局，建房则择吉日取用。

备航几念(一)

原文:							
注音:hi^{3}	mbe^{1}	ȵi^{6}	ŋo^{4}	pa:t^{7}	ȶu^{3}	njen^{2}	ɕoŋ^{1}
直译:子	年	二	五	八	九	月	凶

意译:子年二月、五月、八月、九月凶。

原文:						
注音:su^{3}	mbe^{1}	ljok^{8}	pa:t^{7}	sup^{8}	njen^{2}	ɕoŋ^{1}
直译:丑	年	六	八	十	月	凶

意译:丑年六月、八月、十月凶。

原文:						
注音: ji^{2}	mbe^{1}	ɕi^{5}	pa:t^{7}	sup^{8}ʔjət^{7}	njen^{2}	ɕoŋ^{1}
直译:寅	年	四	八	十一	月	凶

意译:寅年四月、八月、十一月凶。

原文:					
注音:ma:u^{4}	mbe^{1}	pa:t^{7}	sup^{8}ʔjət^{7}	njen^{2}	ɕoŋ^{1}
直译:卯	年	八	十一	月	凶

意译:卯年八月、十一月凶。

原文:							
注音:sən^{2}	mbe^{1}	ŋo^{4}	ljok^{8}	pa:t^{7}	sup^{8}ȵi^{6}	njen^{2}	ɕoŋ^{1}
直译:辰	年	五	六	八	十二	月	凶

意译:辰年五月、六月、八月、十二月凶。

原文：

注音：ɕi4 mbe1 tsjeŋ1 ŋo4 sup8ʔjət7 njen2 ɕoŋ1

直译：巳 年 正 五 十一 月 凶

意译：巳年正月、五月、十一月凶。

原文：

注音：ŋo2 mbe1 ɕət7 pa:t7 ȶu3 njen2 ɕoŋ1

直译：午 年 七 八 九 月 凶

意译：午年七月、八月、九月凶。

原文：

注音：mi6 mbe1 ha:m1 ȶu3 sup8ȵi6 njen2 ɕoŋ1

直译：未 年 三 九 十二 月 凶

意译：未年三月、九月、十二月凶。

原文：

注音：sən1 mbe1 pa:t7 sup8ʔjət7 sup8ȵi6 njen2 ɕoŋ1

直译：申 年 八 十一 十二 月 凶

意译：申年八月、十一月、十二月凶。

原文：

注音：ju4 mbe1 ȵi6 ŋo4 pa:t7 njen2 ɕoŋ1

直译：酉 年 二 五 八 月 凶

意译：酉年二月、五月、八月凶。

原文：

注音：hət7 mbe1 ha:m1 ŋo4 njen2 ɕoŋ1

直译：戌 年 三 五 月 凶

意译：戌年三月、五月凶。

原文:[Shui script characters]

注音:ʁa:i³ mbe¹ ha:m¹ ɕi⁵ ɕət⁷ njen² ɕoŋ¹

直译:亥 年 三 四 七 月 凶

意译:亥年三月、四月、七月凶。

篇章意译

子年二月、五月、八月、九月凶,丑年六月、八月、十月凶,寅年四月、八月、十一月凶,卯年八月、十一月凶,辰年五月、六月、八月、十二月凶,巳年正月、五月、十一月凶,午年七月、八月、九月凶,未年三月、九月、十二月凶,申年八月、十一月、十二月凶,酉年二月、五月、八月凶,戌年三月、五月凶,亥年三月、四月、七月凶。

说明

备航几念,水语译音,意为某人生辰对应某月起造是吉或凶。

备航几念(二)

原文:

注音:ŋo^{2} hi^{3} mbe^{1} ɕi^{5} sup^{8} ȶu^{3} ȶət^{7} ŋo^{4} sup^{8}ʔjət^{7} ti^{3} ȶət^{7}

直译:午 子 年 四 十 九 吉 五 十一 小 吉

意译:午年、子年四月、十月、九月吉、五月、十一月小吉。

原文:

注音:ljok^{8} sup^{8}ȵi^{6} njen^{2} ɕoŋ^{1} tsjeŋ^{1} ɕət^{7} ɕoŋ^{1}

直译:六 十二 月 凶 正 七 凶

意译:六月、十二月、正月、七月凶。

原文:

注音:ȵi^{6} pa:t^{7} ɕoŋ^{1} ha:m^{1} ȶu^{3} njen^{2} ɕoŋ^{1}

直译:二 八 凶 三 九 月 凶

意译:二月、八月、三月凶。

原文:

注音:su^{3} mi^{6} mbe^{1} ȵi^{6} pa:t^{7} ȶət^{7} ha:m^{1} ȶu^{3} ti^{3} ȶət^{7}

直译:丑 未 年 二 八 吉 三 九 小 吉

意译:丑年、未年二月、八月吉,三月、九月小吉。

原文:

注音:tsjeŋ^{1} ɕət^{7} ɕoŋ^{1} ljok^{8} sup^{8}ȵi^{6} ɕoŋ^{1}

直译:正 七 凶 六 十二 凶

意译:正月、七月、六月、十二月月凶。

原文:

注音: ŋo^{4} sup^{8}ʔjət^{7} ɕi^{5} sup^{8}ȵi^{6} njen^{2} ɕoŋ^{1}

直译:五 十一 四 十二 月 凶

意译:五月、十一月、四月、十二月凶。

原文:

注音:ji^{2} sən^{1} mbe^{1} ljok^{8} sup^{8}ȵi^{6} ta:i^{3} ȶət^{7} tsjeŋ^{1} ɕət^{7} ti^{3} ȶət^{7}

直译:寅 申 年 六 十二 大 吉 正 七 小 吉

意译:寅年、申年六月、十二月、大吉,正月、七月小吉。

原文:

注音:ȵi^{6} pa:t^{7} njen^{2} ɕoŋ^{1} ha:m^{1} ȶu^{3} ɕoŋ^{1} ɕi^{5} sup^{8} njen^{2} ɕoŋ^{1}

直译:二 八 月 凶 三 九 凶 四 十 月 凶

意译:二月、八月、三月、九月、四月、十月凶。

原文:

注音: ŋo^{4} sup^{8}ʔjət^{7} njen^{2} ɕoŋ^{1}

直译: 五 十一 月 凶

意译:五月、十一月凶。

原文:

注音:ɕi^{4} ʁa:i^{3} mbe^{1} tsjeŋ^{1} ɕət^{7} ta:i^{3} ȶət^{7} ljok^{8} sup^{8}ȵi^{6} ti^{3} ȶət^{7}

直译:巳 亥 年 正 七 大 吉 六 十二 小 吉

意译:巳年、亥年正月、七月大吉,六月、十二月小吉。

原文:

注音:ŋo^{4} sup^{8}ʔjət^{7} njen^{2} ɕoŋ^{1} ɕi^{5} sup^{8} ha:m^{1} ȶu^{3} njen^{2} ɕoŋ^{1}

直译:五 十一 月 凶 四 十 三 九 月 凶

意译:五月、十一月、四月、十月、三月、九月凶。

原文:

注音:ȵi^{5} pa:t^{7} njen^{2} ɕoŋ^{1}

直译:二 八 月 凶

意译:二月、八月凶。

原文:

注音:ma:u^{4} ju^{4} mbe^{1} ɕi^{5} sup^{8} njen^{2} ta:i^{3} ţət^{7} ŋo^{4} sup^{8}ʔjət^{7} ti^{3} ţət^{7}

直译:卯 酉 年 四 十 月 大 吉 五 十一 小 吉

意译:卯年、酉年四月、十月大吉,五月、十一月小吉。

原文:

注音:ȵi^{6} pa:t^{7} njen^{2} ɕoŋ^{1} ha:m^{1} ţu^{3} njen^{2}

直译:二 八 月 凶 三 九 月

意译:二月、八月、三月、九月凶。

原文:

注音:tsjeŋ^{1} ɕət^{7} njen^{2} ɕoŋ^{1} ljok^{8} sup^{8}ȵi^{6} njen^{2} ɕoŋ^{1}

直译:正 七 月 凶 六 十二 月 凶

意译:正月、七月、六月、十二月凶。

原文:

注音:sən^{2} hət^{7} mbe^{1} ȵi^{6} pa:t^{7} ta:i^{3} ţət^{7} ha:m^{1} ţu^{3} ti^{3} ţət^{7}

直译:辰 戌 年 二 八 大 吉 三 九 小 吉

意译:辰年、戌年二月、八月大吉,三月、九月小吉。

原文:

注音:tsjeŋ^{1} ɕət^{7} njen^{2} ɕoŋ^{1} ɕi^{5} sup^{8} njen^{2}

直译:正 七 月 凶 四 十 月

意译:正月、七月、四月、十月凶。

原文：廿　卞　歹　忍　兴　卞　歹　忍

注音：ŋo^{4} sup^{8}ʔjət^{7} njen^{2} ɕoŋ^{1} ljok^{8} sup^{8}ȵi^{6} njen^{2} ɕoŋ^{1}

直译：五　十一　月　凶　六　十二　月　凶

意译：五月、十一月、六月、十二月凶。

篇章意译

午年、子年、四月、十月、九月吉，五月、十一月小吉，六月、十二月、正月、七月、二月、八月、三月凶。

丑年、未年二月、八月吉，三月、九月小吉，正月、七月、六月、十二月、五月、十一月、四月凶。

寅年、申年六月、十二月大吉，正月、七月小吉，二月、八月、三月、九月、四月、十月、五月、十一月凶。

巳年、亥年正月、七月大吉、六月、十二月小吉，五月、十一月、四月、十月、三月、九月、二月、八月凶。

卯年、酉年四月、十月大吉，五月、十一月小吉，二月、八月、三月、九月、正月、七月、六月、十二月凶。

辰年、戌年二月、八月大吉，三月、九月小吉，正月、七月、四月、十月、五月、十一月、六月、十二月凶。

金水年

原文:

注音:sup^{8}ȵi^{6} mbe^{1} ʈum^{1} tsi^{6} tsjeŋ^{1} ŋo^{4} ȵi^{6} ɕi^{5} njen^{2} ŋo^{2} van^{1} ɕoŋ^{1}

直译:十二 年 金 忌 正 五 二 四 月 午 日 凶

意译:十二年属金忌正月、五月、二月、四月午日。

原文:

注音:sup^{8}ȵi^{6} mbe^{1} mok^{8} tsi^{6} tsjeŋ^{1} ȵi^{6} ɕət^{7} hi^{3} van^{1}

直译:十二 年 木 忌 正 二 七 子 日

意译:十二年属木忌正月、二月、七月子日。

原文:

注音:sup^{8}ȵi^{6} mbe^{1} tu^{3} ȵi^{6} ŋo^{4} ljok^{8} sup^{8}ȵi^{6} njen^{2} ɕoŋ^{1}

直译:十二 年 土 二 五 六 十二 月 凶

意译:十二年属金忌正月、五月、二月、四月午日。

原文:

注音:sup^{8}ȵi^{6} mbe^{1} sui^{3} tsjeŋ^{1} ɕi^{5} ʈu^{3} sup^{8} njen^{2} ɕoŋ^{1}

直译:十二 年 水 正 四 九 十 月 凶

意译:十二年属金忌正月、五月、二月、四月午日。

原文:

注音:sup^{8}ȵi^{6} mbe^{1} fa^{3} ɕi^{5} ʈu^{3} sup^{8}ȵi^{6} njen^{2} hi^{3} van^{1} ɕoŋ^{1}

直译:十二 年 火 四 九 十二 月 子 日 凶

意译:十二年属火四月、九月、十二月子日凶。

篇章意译

十二年属金，忌正月、五月、二月、四月午日。十二年属木，忌正月、二月、七月子日。十二年属土，二月、五月、六月、十二月凶。十二年属水，正月、四月、九月、十月凶。十二年属火，四月、九月、十二月子日凶。

说明

金水年是指十二生辰属金水时应忌某月的日子。

万呆梅

原文:

注音:ȶa:p^{7} hi^{3} ʔjit^{7} su^{3} ȵum^{2} sən^{1} ȶui^{5} ju^{4} ȶa:p^{7} hət^{7} ʔjit^{7} ʁa:i^{3}

直译:甲 子 乙 丑 壬 申 癸 酉 甲 戌 乙 亥

意译:甲子日、乙丑日、壬申日、癸酉日、甲戌日、乙亥日凶。

原文:

注音:pjeŋ^{3} hi^{3} ɕən^{1} ɕi^{4} van^{1} ʔjit^{7} ju^{4} tjeŋ^{1} mi^{6} ȵum^{2} sən^{2} ȶa:p^{7} ŋo^{2}

直译:丙 子 辛 巳 日 乙 酉 丁 未 壬 辰 甲 午

意译:丙子日、辛巳日、乙酉日、丁未日、壬辰日、甲午日凶。

原文:

注音:qeŋ^{1} hi^{3} pjeŋ^{3} ŋo^{2} tjeŋ^{1} ɕi^{4} mu^{6} ŋo^{2} ȶi^{1} mi^{6} van^{1} qeŋ^{1} sən^{1}

直译:庚 子 丙 午 丁 巳 戊 午 己 未 日 庚 申

意译:庚子日、丙午日、丁巳日、戊午日、己未日、庚申日凶。

原文:

注音:ɕən^{1} ju^{4} ȵum^{2} hət^{7} ȶui^{5} ʁa:i^{3} van^{1} ɕoŋ^{1}

直译:辛 酉 壬 戌 癸 亥 日 凶

意译:辛酉日、壬戌日、癸亥日凶。

原文:

注音:pjeŋ^{3} ji^{2} tjeŋ^{1} ma:u^{4} mu^{6} sən^{2} ȶi^{1} ɕi^{4} qeŋ^{1} ŋo^{2} ɕən^{1} mi^{6}

直译:丙 寅 丁 卯 戊 辰 己 巳 庚 午 辛 未

意译:丙寅日、丁卯日、戊辰日、己巳日、庚午日、辛未日吉。

原文:

注音:tjeŋ^{1} su^{3} van^{1} mu^{6} ji^{2} ȶi^{1} ma:u^{4} qeŋ^{1} sən^{2} van^{1} ȵum^{2} ŋo^{2} ȶui^{5} mi^{6}

直译:丁 丑 日 戊 寅 己 卯 庚 辰 日 壬 午 癸 未

意译:丁丑日、戊寅日、己卯日、庚辰日、壬午日、癸未日吉。

原文:

注音:ȶa:p^{7} sən^{1} ʔjit^{7} ju^{4} van^{1} pjeŋ^{3} hət^{7} tjeŋ^{1} ʁa:i^{3} mu^{6} hi^{3} ȶi^{1} su^{3}

直译:甲 申 乙 酉 日 丙 戌 丁 亥 戊 子 己 丑

意译:甲申日、乙酉日、丙戌日、丁亥日、戊子日、己丑日吉。

原文:

注音:qeŋ^{1} ji^{2} ɕən^{1} ma:u^{4} van^{1} ȶui^{5} ɕi^{4} ʔjit^{7} mi^{6} pjeŋ^{3} sən^{1} tjeŋ^{1} ju^{4}

直译:庚 寅 辛 卯 日 癸 巳 乙 未 丙 申 丁 酉

意译:庚寅日、辛卯日、癸巳日、乙未日、丙申日、丁酉日吉。

原文:

注音:mu^{6} hət^{7} ȶi^{1} ʁa:i^{3} ɕən^{1} su^{3} ȵum^{2} ji^{2} van^{1} ȶui^{5} ma:u^{4} ȶa:p^{7} sən^{2}

直译:戊 戌 己 亥 辛 丑 壬 寅 日 癸 卯 甲 辰

意译:戊戌日、己亥日、辛丑日、壬寅日、癸卯日、甲辰日吉。

原文:

注音:tjeŋ^{1} mi^{6} mu^{6} sən^{1} ȶi^{1} ju^{4} qeŋ^{1} hət^{7} ɕən^{1} ʁa:i^{3} van^{1} ȵum^{2} hi^{3}

直译:丁 未 戊 申 己 酉 庚 戌 辛 亥 日 壬 子

意译:丁未日、戊申日、己酉日、庚戌日、辛亥日、壬子日吉。

原文:

注音:ȶui^{5} su^{3} ȶa:p^{7} ji^{2} van^{1} ʔjit^{7} ma:u^{4} pjeŋ^{3} sən^{2} van^{1} ȶət^{7}

直译:癸 丑 甲 寅 日 乙 卯 丙 辰 日 吉

意译:癸丑日、甲寅日、乙卯日、丙辰日吉。

篇章意译

甲子日、乙丑日、壬申日、癸酉日、甲戌日、乙亥日凶，丙子日、辛巳日、乙酉日、丁未日、壬辰日、甲午日凶，庚子日、丙午日、丁巳日、戊午日、己未日、庚申日凶，辛酉日、壬辰日、癸亥日凶。

丙寅日、丁卯日、戊辰日、己巳日、庚午日、辛未日吉，丁丑日、戊寅日、己卯日、庚辰日、壬午日、癸未日吉，甲申日、乙酉日、丙戌日、丁亥日、戊子日、己丑日吉，庚寅日、辛卯日、癸巳日、乙未日、丙申日、丁酉日吉，戊戌日、己亥日、辛丑日、壬寅日、癸卯日、甲辰日吉，丁未日、戊申日、己酉日、庚戌日、辛亥日、壬子日吉，癸丑日、甲寅日、乙卯日、丙辰日吉。

说明

万呆梅，水语音译，意为建房砍树吉凶日。起房要择吉日砍树，忌用凶日。

六十甲子

原文:

注音:ȶa:p7 hi3 van1 ha:i2

直译:甲 子 日 棺

意译:甲子日凶。

原文:

注音:ʔjit7 su3 pjeŋ3 ji2 tjeŋ1 ma:u4 mu6 sən2 van1 ȶət7

直译:乙 丑 丙 寅 丁 卯 戊 辰 日 吉

意译:乙丑日、丙寅日、丁卯日、戊辰日吉。

原文:

注音:ȶi1 ɕi4 qeŋ1 ŋo2 ɕən1 mi6 ȵum2 sən1 ȶui5 ju4 van1 ȶət7

直译:己 巳 庚 午 辛 未 壬 申 癸 酉 日 吉

意译:己巳日、庚午日、辛未日、壬申日、癸酉日吉。

原文:

注音:ȶa:p7 hət7 ʔjit7 ʁa:i3 van1 ha:i2 pjeŋ3 hi3 tjeŋ1 su3 van1 ȶət7

直译:甲 戌 乙 亥 日 棺 丙 子 丁 丑 日 吉

意译:甲戌日、乙亥日凶,丙子日、丁丑日吉。

原文:

注音:mu6 ji2 qeŋ1 sən2 van1 ɕən1 ɕi4 ȵum2 ŋo2 van1 ȶət7

直译:戊 寅 庚 辰 日 辛 巳 壬 午 日 吉

意译:戊寅日、庚辰日、辛巳日、壬午日吉。

原文:

注音:ȶi^{1} ma:u^{4} van^{1} ha:i^{2} ɕoŋ^{1} ȶui^{5} mi^{6} van^{1} ȶət^{7}

直译:己 卯 日 棺 凶 癸 未 日 吉

意译:己卯日凶,癸未日吉。

原文:

注音:ȶa:p^{7} sən^{1} van^{1} ɕoŋ^{1} ʔjit^{7} ju^{4} pjeŋ^{3} hət^{7} tjeŋ^{1} ʁa:i^{3} van^{1} ȶət^{7}

直译:甲 申 日 凶 乙 酉 丙 戌 丁 亥 日 吉

意译:甲申日凶,乙酉日、丙戌日、丁亥日吉。

原文:

注音:ȶi^{1} su^{3} van^{1} ha:i^{2} ɕoŋ^{1} qeŋ^{1} ji^{2} van^{1} ȶət^{7} ɕən^{1} ma:u^{4} van^{1} ha:i^{2}

直译:己 丑 日 棺 凶 庚 寅 日 吉 辛 卯 日 棺

意译:己丑日凶,庚寅日吉,辛卯日凶。

原文:

注音:ȵum^{2} sən^{2} ȶət^{7} ȶui^{5} ɕi^{4} ha:i^{2} ɕoŋ^{1} ȶa:p^{7} ŋo^{2} van^{1} ha:i^{2}

直译:壬 辰 吉 癸 巳 棺 凶 甲 午 日 棺

意译:壬辰日吉,癸巳日、甲午日凶。

原文:

注音:ʔjit^{7} mi^{6} van^{1} ȶət^{7} pjeŋ^{3} sən^{1} tjeŋ^{1} ju^{4} ha:i^{2} mu^{6} hət^{7} van^{1} ɕoŋ^{1}

直译:乙 未 日 吉 丙 申 丁 酉 棺 戊 戌 日 凶

意译:乙未日吉,丙申日、丁酉日、戊戌日凶。

原文:

注音:ȶui^{5} ma:u^{4} van^{1} ȶət^{7} ȶa:p^{7} sən^{2} van^{1} ha:i^{2}

直译:癸 卯 日 吉 甲 辰 日 棺

意译:癸卯日吉,甲辰日凶。

原文：

注音：ʔjit^7 ɕi^4 pjeŋ^3 ŋo^2 tjeŋ^1 mi^6 van^1 ȶət^7

直译：乙 巳 丙 午 丁 未 日 吉

意译：乙巳日、丙午日、丁未日吉。

原文：

注音：mu^6 sən^1 ȶi^1 ju^4 van^1 ha:i^2 ɕoŋ^1

直译：戊 申 己 酉 日 棺 凶

意译：戊申日、己酉日凶。

原文：

注音：qeŋ^1 hət^7 van^1 ȶət^7 ȵum^2 hi^3 van^1

直译：庚 戌 日 吉 壬 子 日

意译：庚戌日、壬子日吉。

原文：

注音：ȶui^5 su^3 van^1 ȶət^7 ȶa:p^7 ji^2 ʔjit^7 ma:u^4 van^1 ȶət^7

直译：癸 丑 日 吉 甲 寅 乙 卯 日 吉

意译：癸丑日、甲寅日、乙卯日吉。

原文：

注音：pjeŋ^3 sən^2 van^1 ha:i^2 ɕoŋ^1

直译：丙 辰 日 棺 凶

意译：丙辰日凶。

原文：

注音：tjeŋ^1 ɕi^4 mu^6 ŋo^2 van^1 ȶət^7 ȶi^1 mi^6 van^1 ha:i^2 ɕoŋ^1

直译：丁 巳 戊 午 日 吉 己 未 日 棺 凶

意译：丁巳日、戊午日吉，己未日凶。

原文:

注音:qeŋ^{1} sən^{1} ɕən^{1} ju^{4} ȵum^{2} hət^{7} van^{1} ha:i^{2} ɕoŋ^{1}

直译:庚 申 辛 酉 壬 戌 日 棺 凶

意译:庚申日、辛酉日、壬戌日凶。

篇章意译

甲子日凶,乙丑日、丙寅日、丁卯日、戊辰日、己巳日、庚午日、辛未日、壬申日、癸酉日吉,甲戌日、乙亥日凶,丙子日、丁丑日、戊寅日、庚辰日、辛巳日、壬午日吉,己卯日凶,癸未日吉,甲申日凶,乙酉日、丙戌日、丁亥日吉,己丑日凶,庚寅日吉,辛卯日凶,壬辰日吉,癸巳日、甲午日凶,乙未日吉,丙申日、丁酉日、戊戌日凶,癸卯日吉,甲辰日凶,乙巳日、丙午日、丁未日吉,戊申日、己酉日凶,庚戌日、壬子日、癸丑日、甲寅日、乙卯日吉,丙辰日凶,丁巳日、戊午日吉,己未日、庚申日、辛酉日、壬戌日凶。

说明

以上为六十甲子日砍树子吉凶日,择吉日用,逢凶要避之。

殿敢和梁

原文：

注音：ȶa:p^{7} hi^{3} ʔjit^{7} su^{3} van^{1} mu^{6} sən^{2}

直译：甲 子 乙 丑 日 戊 辰

意译：甲子日、乙丑日、戊辰日。

原文：

注音：ȶi^{1} ɕi^{4} van^{1} qeŋ^{1} ŋo^{2} van^{1} ȶət^{7} ɕən^{1} mi^{6} van^{1}

直译：己 巳 日 庚 午 日 吉 辛 未 日

意译：己巳日、庚午日、辛未日吉。

原文：

注音：ȶa:p^{7} hət^{7} pjeŋ^{3} hi^{3} van^{1} mu^{6} ji^{2}

直译：甲 戌 丙 子 日 戊 寅

意译：甲戌日、丙子日、戊寅日。

原文：

注音：qeŋ^{1} sən^{2} van^{1} ȶət^{7} ȵum^{2} ŋo^{2} van^{1} ȶət^{7}

直译：庚 辰 日 吉 壬 午 日 吉

意译：庚辰日、壬午日吉。

原文：

注音：ȶa:p^{7} sən^{1} pjeŋ^{3} hət^{7} mu^{6} hi^{3} van^{1} ȶət^{7}

直译：甲 申 丙 戌 戊 子 日 吉

意译：甲申日、丙戌日、戊子日吉。

原文：

注音：qeŋ^{1}　ji^{2}　van^{1}　ȶət^{7}　ȶa:p^{7}　ŋo^{2}　pjeŋ^{3}　sən^{1}

直译：庚　寅　日　吉　甲　午　丙　申

意译：庚寅日、甲午日、丙申日吉。

原文：

注音：tjeŋ^{1}　ju^{4}　van^{1}　ȶət^{7}　ȶi^{1}　ʁa:i^{3}　qeŋ^{1}　hi^{3}

直译：丁　酉　日　吉　己　亥　庚　子

意译：丁酉日、己亥日、庚子日。

原文：

注音：ɕən^{1}　su^{3}　van^{1}　ȶət^{7}　ɲum^{2}　ji^{2}　ȶui^{5}　ma:u^{4}　van^{1}　ȶət^{7}

直译：辛　丑　日　吉　壬　寅　癸　卯　日　吉

意译：辛丑日、壬寅日、癸卯日吉。

原文：

注音：ʔjit^{7}　ɕi^{4}　tjeŋ^{1}　mi^{6}　van^{1}　ȶət^{7}　ȶi^{1}　ma:u^{4}

直译：乙　巳　丁　未　日　吉　己　卯

意译：乙巳日、丁未日、己卯日。

原文：

注音：tjeŋ^{1}　ɕi^{4}　van^{1}　ɕən^{1}　ʁa:i^{3}　ȶui^{5}　su^{3}

直译：丁　巳　日　辛　亥　癸　丑

意译：丁巳日、辛亥日、癸丑日。

原文：

注音：ʔjit^{7}　ma:u^{4}　van^{1}　ȶət^{7}　ȶi^{1}　ma:u^{4}　van^{1}　ɕən^{1}　ju^{4}　van^{1}　ȶət^{7}

直译：乙　卯　日　吉　己　卯　日　辛　酉　日　吉

意译：乙卯日、己卯日、辛酉日吉。

篇章意译

甲子日、乙丑日、戊辰日、己巳日、庚午日、辛未日吉。
甲戌日、丙子日、戊寅日、庚辰日、壬午日吉。
甲申日、丙戌日、戊子日、庚寅日、甲午日、丙申日吉。
丁酉日、己亥日、庚子日、辛丑日、壬寅日、癸卯日吉。
乙巳日、丁未日、己卯日、丁巳日、辛亥日、癸丑日吉。
乙卯日、己卯日、辛酉日吉。

说明

殿敢和深,水语音译,意为立柱上深。择吉时用这些日子较吉。

万另敢告

原文:

注音:ȶa:p^{7} hi^{3} ʔjit^{7} su^{3} mu^{6} sən^{2} ȶi^{1} ɕi^{4} van^{1} ɕən^{1} mi^{6} ȵum^{2} sən^{1}

直译:甲 子 乙 丑 戊 辰 己 巳 日 辛 未 壬 申

意译:甲子日、乙丑日、戊辰日、己巳日、辛未日、壬申日吉。

原文:

注音:ȶui^{5} ju^{4} van^{1} ȶət^{7} ȶa:p^{7} hət^{7} tjeŋ^{1} su^{3}

直译:癸 酉 日 吉 甲 戌 丁 丑

意译:癸酉日、甲戌日、丁丑日。

原文:

注音:mu^{6} ji^{2} van^{1} ȶət^{7} ȶi^{1} ma:u^{4} qeŋ^{1} sən^{2} van^{1}

直译:戊 寅 日 吉 己 卯 庚 辰 日

意译:戊寅日、己卯日、庚辰日吉。

原文:

注音:ɕən^{1} ɕi^{4} ȶui^{5} mi^{6} ȶa:p^{7} sən^{1}

直译:辛 巳 癸 未 甲 申

意译:辛巳日、癸未日、甲申日。

原文:

注音:tjeŋ^{1} ʁa:i^{3} van^{1} ȶi^{1} su^{3} van^{1} ȵum^{2} sən^{2}

直译:丁 亥 日 己 丑 日 壬 辰

意译:丁亥日、己丑日、壬辰日吉。

原文:

注音:ȶui^{5} ɕi^{4} van^{1} ȶət^{7} ȶa:p^{7} ŋo^{2} ʔjit^{7} mi^{6} van^{1}

直译:癸 巳 日 吉 甲 午 乙 未 日

意译:癸巳日、甲午日、乙未日。

原文:

注音:ȶi^{1} ʁa:i^{3} ɕən^{1} su^{3} van^{1} ȶui^{5} ma:u^{4} van^{1} ȶət^{7}

直译:己 亥 辛 丑 日 癸 卯 日 吉

意译:己亥日、辛丑日、癸卯日吉。

原文:

注音:ȶa:p^{7} sən^{2} ʔjit^{7} ɕi^{4} van^{1} ȶi^{1} ju^{4} van^{1}

直译:甲 辰 乙 巳 日 己 酉 日

意译:甲辰日、乙巳日、己酉日。

原文:

注音:qeŋ^{1} hət^{7} ɕən^{1} ʁa:i^{3} van^{1} ȶui^{5} su^{3} van^{1}

直译:庚 戌 辛 亥 日 癸 丑 日

意译:庚戌日、辛亥日、癸丑日吉。

原文:

注音:pjeŋ^{3} sən^{2} tjeŋ^{1} ɕi^{4} van^{1} qeŋ^{1} sən^{1} ɕən^{1} ju^{4} van^{1} ȶət^{7}

直译:丙 辰 丁 巳 日 庚 申 辛 酉 日 吉

意译:丙辰日、丁巳日、庚申日、辛酉日吉。

篇章意译

甲子日、乙丑日、戊辰日、己巳日、辛未日、壬申日吉。

癸酉日、甲戌日、丁丑日、戊寅日、己卯日、庚辰日吉。

辛巳日、癸未日、甲申日、丁亥日、己丑日、壬辰日吉。
癸巳日、甲午日、乙未日、己亥日、辛丑日、癸卯日吉。
甲辰日、乙巳日、己酉日、庚戌日、辛亥日、癸丑日吉。
丙辰日、丁巳日、庚申日、辛酉日吉。

说明

万另敢告，水语音译，意为拆旧房。

年日方凶

原文:

注音:sən^{1} hi^{3} sən^{2} mbe^{1} ju^{4} fa:ŋ^{1} van^{1} ɕoŋ^{1}

直译:申 子 辰 年 酉 方 日 凶

意译:申年、子年、辰年酉日酉方凶。

原文:

注音:ɕi^{4} ju^{4} su^{3} mbe^{1} ŋo^{2} fa:ŋ^{1} van^{1} ɕoŋ^{1}

直译:巳 酉 丑 年 午 方 日 凶

意译:巳年、酉年、丑年午日午方凶。

原文:

注音:ji^{2} ŋo^{2} hət^{7} mbe^{1} ʁa:i^{3} fa:ŋ^{1} van^{1} ɕoŋ^{1}

直译:寅 午 戌 年 亥 方 日 凶

意译:寅年、午年、戌年亥日亥方凶。

原文:

注音:ʁa:i^{3} ma:u^{4} mi^{6} mbe^{1} ɕi^{4} fa:ŋ^{1} van^{1} ɕoŋ^{1}

直译:亥 卯 未 年 巳 方 日 凶

意译:亥年、卯年、未年巳日巳方凶。

原文:

注音:sən^{1} ja^{3} van^{1} ɕoŋ^{1} sən^{1} ha:m^{1} njen^{2} ɕi^{4} si^{2} van^{1} ɕoŋ^{1}

直译:春 夏 日 凶 春 三 月 巳 时 日 凶

意译:春季、夏季日凶,春季三个月巳日巳时凶。

原文:

注音:ja^3 ha:m^1 njen^2 ma:u^4 si^2 van^1 ɕoŋ^1

直译:夏 三 月 卯 时 日 凶

意译:夏季三个月卯日卯时凶。

原文:

注音:ɕu^1 ha:m^1 njen^2 ɕi^4 si^2 van^1 fa:ŋ^1 ɕoŋ^1

直译:秋 三 月 巳 时 日 方 凶

意译:秋季三个月巳日巳时巳方凶。

原文:

注音:toŋ^1 ha:m^1 njen^2 ma:u^4 si^2 van^1 fa:ŋ^1 ɕoŋ^1

直译:冬 三 月 卯 时 日 方 凶

意译:冬季三个月卯日卯时卯方凶。

篇章意译

申年、子年、辰年酉日酉方凶,巳年、酉年、丑年午日午方凶。

寅年、午年、戌年亥日亥方凶,亥年、卯年、未年巳日巳方凶。

春季、夏季日凶,春季三个月巳日巳时凶,夏季三个月卯日卯时凶。

秋季三个月巳日巳时巳方凶,冬季三个月卯日卯时卯方凶。

年天狗方时

原文:

注音:hi^{3} ŋo^{2} ma:u^{4} ju^{4} mbe^{1} ɕi^{4} ŋo^{2} fa:ŋ^{1} ɕoŋ^{1} si^{2}

直译:子 午 卯 酉 年 巳 午 方 凶 时

意译:子年、午年、卯年、酉年巳方、午方巳时、午时凶。

原文:

注音:su^{3} mi^{6} sən^{2} hət^{7} mbe^{1} mi^{6} ji^{2} fa:ŋ^{1} si^{2} ɕoŋ^{1}

直译:丑 未 辰 戌 年 未 寅 方 时 凶

意译:丑年、未年、辰年、戌年寅方、未方寅时、未时凶。

原文:

注音:ji^{2} sən^{1} ɕi^{4} ʁa:i^{3} mbe^{1} sən^{1} ju^{4} fa:ŋ^{1} si^{2} ɕoŋ^{1}

直译:寅 申 巳 亥 年 申 酉 方 时 凶

意译:寅年、申年、巳年、亥年申方、酉方申时、酉时凶。

篇章意译

子年、午年、卯年、酉年巳方、午方巳时、午时凶。

丑年、未年、辰年、戌年寅方、未方寅时、未时凶。

寅年、申年、巳年、亥年申方、酉方申时、酉时凶。

月龙方

原文:

注音:tsjeŋ^{1} ŋo^{4} ȶu^{3} sən^{2} fa:ŋ^{1} ɕoŋ^{1} ȵi^{6} ljok^{8} sup^{8} hət^{7} fa:ŋ^{1} ɕoŋ^{1}

直译:正 五 九 辰 方 凶 二 六 十 戌 方 凶

意译:正月、五月、九月辰方凶,二月、六月、十月戌方凶。

原文:

注音:ha:m^{1} ɕət^{7} sup^{8}ʔjət^{7} sən^{2} fa:ŋ^{1} ɕoŋ^{1}

直译:三 七 十一 辰 方 凶

意译:三月、七月、十一月辰方凶。

原文:

注音:ɕi^{5} pa:t^{7} sup^{8}ȵi^{6} hət^{7} fa:ŋ^{1} ɕoŋ^{1}

直译:四 八 十二 戌 方 凶

意译:四月、八月、十二月戌方凶。

篇章意译

正月、五月、九月辰方,二月、六月、十月戌方凶,三月、七月、十一月辰方,四月、八月、十二月戌方,以上为月龙方,凶。

六甲

原文:

注音:ȶa:p^{7} hi^{3} ȶi^{1} ɕi^{4} qeŋ^{1} ŋo^{2} ȵum^{2} sən^{1} ȶui^{5} ju^{4} van^{1} ɕoŋ^{1}

直译:甲 子 己 巳 庚 午 壬 申 癸 酉 日 凶

意译:甲子日、己巳日、庚午日、壬申日、癸酉日凶。

原文:

注音:ʔjit^{7} su^{3} pjeŋ^{3} ji^{2} tjeŋ^{1} ma:u^{4} mu^{6} sən^{2} ɕən^{1} mi^{6} van^{1} ȶət^{7}

直译:乙 丑 丙 寅 丁 卯 戊 辰 辛 未 日 吉

意译:乙丑日、丙寅日、丁卯日、戊辰日、辛未日吉。

原文:

注音:ȶa:p^{7} hət^{7} ʔjit^{7} ʁa:i^{3} pjeŋ^{3} hi^{3} tjeŋ^{1} ʁa:i^{3} mu^{6} hi^{3} qeŋ^{1} ji^{2}

直译:甲 戌 乙 亥 丙 子 丁 亥 戊 子 庚 寅

意译:甲戌日、乙亥日、丙子日、丁亥日、戊子日、庚寅日凶。

原文:

注音:ȵum^{2} sən^{2} ȶui^{5} ɕi^{4} van^{1} ɕoŋ^{1} ȶi^{1} ma:u^{4} ȶui^{5} mi^{6} ɕən^{1} ɕi^{4} van^{1} ȶət^{7}

直译:壬 辰 癸 巳 日 凶 己 卯 癸 未 辛 巳 日 吉

意译:壬辰日、癸巳日凶,己卯日、癸未日、辛巳日吉。

原文:

注音:ȶa:p^{7} sən^{1} ʔjit^{7} ju^{4} pjeŋ^{3} hət^{7} tjeŋ^{1} ʁa:i^{3} mu^{6} hi^{3} qeŋ^{1} ji^{2}

直译:甲 申 乙 酉 丙 戌 丁 亥 戊 子 庚 寅

意译:甲申日、乙酉日、丙戌日、丁亥日、戊子日、庚寅日凶。

原文:

注音:ȵum^{2} sən^{2} ʨui^{5} ɕi^{4} van^{1} ɕoŋ^{1} ʨi^{1} su^{3} ɕən^{1} ma:u^{4} van^{1} ʨət^{7}

直译:壬 辰 癸 巳 日 凶 己 丑 辛 卯 日 吉

意译:壬辰日、癸巳日凶,己丑日、辛卯日吉。

原文:

注音:pjeŋ^{3} sən^{1} tjeŋ^{1} ju^{4} mu^{6} hət^{7} ʨi^{1} ʁa:i^{3} qeŋ^{1} hi^{3} ȵum^{2} ji^{2} van^{1} ɕoŋ^{1}

直译:丙 申 丁 酉 戊 戌 己 亥 庚 子 壬 寅 日 凶

意译:丙申日、丁酉日、戊戌日、己亥日、庚子日、壬寅日凶。

原文:

注音:ʨa:p^{7} ŋo^{2} ʔjit^{7} mi^{6} ɕən^{1} su^{3} ʨui^{5} ma:u^{4} van^{1} ʨət^{7}

直译:甲 午 乙 未 辛 丑 癸 卯 日 吉

意译:甲午日、乙未日、辛丑日、癸卯日吉。

原文:

注音:ʨa:p^{7} sən^{2} tjeŋ^{1} mi^{6} mu^{6} sən^{1} ʨi^{1} ju^{4}

直译:甲 辰 丁 未 戊 申 己 酉

意译:甲辰日、丁未日、戊申日、己酉日凶。

原文:

注音:qeŋ^{1} hət^{7} ɕən^{1} ʁa:i^{3} ȵum^{2} hi^{3} ʨui^{5} su^{3} van^{1} ɕoŋ^{1}

直译:庚 戌 辛 亥 壬 子 癸 丑 日 凶

意译:庚戌日、辛亥日、壬子日、癸丑日凶。

原文:

注音:ʔjit^{7} ɕi^{4} pjeŋ^{3} ŋo^{2} van^{1} ʨət^{7}

直译:乙 巳 丙 午 日 吉

意译:乙巳日、丙午日吉。

原文:

注音:ȶa:p^{7} ji^{2} tjeŋ^{1} ɕi^{4} ȵum^{2} hət^{7} ȶui^{5} ʁa:i^{3} ʔjit^{7} ma:u^{4} pjeŋ^{3} sən^{2}

直译:甲 寅 丁 巳 壬 戌 癸 亥 乙 卯 丙 辰

意译:甲寅日、丁巳日、壬戌日、癸亥日、乙卯日、丙辰日吉。

原文:

注音:mu^{6} ŋo^{2} ȶi^{1} mi^{6} qeŋ^{1} sən^{1} ɕən^{1} ju^{4} van^{1} ȶət^{7}

直译:戊 午 己 未 庚 申 辛 酉 日 吉

意译:戊午日、己未日、庚申日、辛酉日吉。

篇章意译

甲子日、己巳日、庚午日、壬申日、癸酉日凶,乙丑日、丙寅日、丁卯日、戊辰日、辛未日吉。

甲戌日、乙亥日、丙子日、丁亥日、戊子日、庚寅日凶,壬辰日、癸巳日凶,己卯日、癸未日、辛巳日吉。

甲申日、乙酉日、丙戌日、丁亥日、戊子日、庚寅日凶,壬辰日、癸巳日凶,己丑日、辛卯日吉。

丙申日、丁酉日、戊戌日、己亥日、庚子日、壬寅日凶,甲午日、乙未日、辛丑日、癸卯日吉。

甲辰日、丁未日、戊申日、己酉日、庚戌日、辛亥日、壬子日、癸丑日凶,乙巳日、丙午日吉。

甲寅日、丁巳日、壬戌日、癸亥日、乙卯日、丙辰日、戊午日、己未日、庚申日、辛酉日吉。

说明

此章为六甲立房吉凶,建房择吉要吉日避开凶日。

月花

原文:

注音:ji^{2}　sən^{1}　ɕi^{4}　ʁa:i^{3}　njen^{2}

直译:寅　申　巳　亥　月

意译:寅月、申月、巳月、亥月。

原文:

注音:ʔjit^{7}　su^{3}　van^{1}　ȶa:p^{7}　hət^{7}　van^{1}　ȶui^{5}　mi^{6}　van^{1}　ȵum^{2}　sən^{2}　van^{1}

直译:乙　丑　日　甲　戌　日　癸　未　日　壬　辰　日

意译:乙丑日、甲戌日、癸未日、壬辰日凶。

原文:

注音:ɕən^{1}　su^{3}　van^{1}　qeŋ^{1}　hət^{7}　van^{1}　ȶi^{1}　mi^{6}　van^{1}　ɕoŋ^{1}

直译:辛　丑　日　庚　戌　日　己　未　日　凶

意译:辛丑日、庚戌日、己未日凶。

原文:

注音:hi^{3}　ŋo^{2}　ma:u^{4}　ju^{4}　njen^{2}

直译:子　午　卯　酉　月

意译:子月、午月、卯月、酉月。

原文:

注音:ȶa:p^{7}　ŋo^{2}　van^{1}　ȶui^{5}　ju^{4}　van^{1}　ȵum^{2}　ŋo^{2}　van^{1}　ɕən^{1}　ma:u^{4}　van^{1}

直译:甲　午　日　癸　酉　日　壬　午　日　辛　卯　日

意译:甲午日、癸酉日、壬午日、辛卯日凶。

原文:
注音:qeŋ1 hi3 van1 ȵum2 ŋo2 van1 ɕən1 ma:u4 van1 qeŋ1 hi3 van1
直译:庚 子 日 壬 午 日 辛 卯 日 庚 子 日
意译:庚子日、壬午日、辛卯日。

原文:
注音:ʈi1 ju4 mu6 ŋo2 van1 ɕoŋ1
直译:己 酉 戊 午 日 凶
意译:己酉日、戊午日凶。

原文:
注音:su3 mi6 sən2 hət7 njen2 ȵum2 sən1 van1
直译:丑 未 辰 戌 月 壬 申 日
意译:丑月、未月、辰月、戌月壬申日。

原文:
注音:ɕən1 ɕi4 van1 qeŋ1 ji2 van1
直译:辛 巳 日 庚 寅 日
意译:辛巳日、庚寅日凶。

原文:
注音:ʈi1 ʁa:i3 van1 mu6 sən1 van1 tjeŋ1 ɕi4 van1 ɕoŋ1
直译:己 亥 日 戊 申 日 丁 巳 日 凶
意译:己亥日、戊申日、丁巳日凶。

篇章意译

寅月、申月、巳月、亥月乙丑日、甲戌日、癸未日、壬辰日、辛丑日、庚戌日、己未日凶。

子月、午月、卯月、酉月甲午日、癸酉日、壬午日、辛卯日、庚子日、己酉日、戊午日凶。

丑月、未月、辰月、戌月壬申日、辛巳日、庚寅日、己亥日、戊申日、丁巳日凶。

说明

月花，水语音译，意为火日，建造忌用火日。

杀相

原文:

注音:tsjeŋ1 çi5 çət7 sup8 ȶum1

直译:正 四 七 十 金

意译:正月、四月、七月、十月属金。

原文:

注音:ȶi1 mi6 sən1 van1 ȶi1 mi6 mu6 sən2 van1 çoŋ1

直译:己 未 申 日 己 未 戊 辰 日 凶

意译:己未日、己申日、戊辰日凶。

原文:

注音:ȵi5 ŋo4 pa:t7 sup8ʔjət7

直译:二 五 八 十一

意译:二月、五月、八月、十一月。

原文:

注音:hi3 ŋo2 van1 mu6 ŋo2 van1 çoŋ1 mu6 hi3 van1 çoŋ1

直译:子 午 日 戊 午 日 凶 戊 子 日 凶

意译:子午日、戊午日、戊子日凶。

原文:

注音:ha:m1 ljok8 ȶu3 sup8ȵi6

直译:三 六 九 十二

意译:三月、六月、九月、十二月。

原文:[Shui script]
注音:ji^{2} sən^{1} van^{1} mu^{6} ji^{2} van^{1} qeŋ^{1} ji^{2} van^{1} mu^{6} sən^{1} van^{1} ɕoŋ^{1}
直译:寅 申 日 戊 寅 日 庚 寅 日 戊 申 日 凶
意译:寅申日、戊寅日、庚寅日、戊申日凶。

原文:[Shui script]
注音:tsjeŋ^{1} ju^{4} van^{1} ȵi^{6} ma:u^{4} van^{1} ha:m^{1} hət^{7} van^{1}
直译:正 酉 日 二 卯 日 三 戌 日
意译:正月酉日、二月卯日、三月戌日。

原文:[Shui script]
注音:ɕi^{5} sən^{2} van^{1} ŋo^{4} ɕi^{4} van^{1} ljok^{8} ʁa:i^{3} van^{1} ɕoŋ^{1}
直译:四 辰 日 五 巳 日 六 亥 日 凶
意译:四月辰日、五月巳日、六月亥日凶。

原文:[Shui script]
注音:ɕət^{7} ŋo^{2} van^{1} pa:t^{7} hi^{3} van^{1} ȶu^{3} mi^{6} van^{1}
直译:七 午 日 八 子 日 九 未 日
意译:七月午日、八月子日、九月未日。

原文:[Shui script]
注音:sup^{8} su^{3} van^{1} sup^{8}ʔjət^{7} sən^{1} van^{1} sup^{8}ȵi^{6} ji^{2} van^{1} ɕoŋ^{1}
直译:十 丑 日 十一 申 日 十二 寅 日 凶
意译:十月丑日、十一月申日、十二月寅日凶。

篇章意译

正月、四月、七月、十月属金,己未日、己申日、戊申日凶。
二月、五月、八月、十一月子午日、戊午日、戊子日凶。
三月、六月、九月、十二月寅申日、戊寅日、庚寅日、戊申日凶。

正月酉日、二月卯日、三月戌日、四月辰日、五月巳日、六月亥日凶。

七月午日、八月子日、九月未日、十月丑日、十一月申日、十二月寅日凶。

说明

杀相,水书条目名称,起造忌用杀相日。

地杀相

原文：

注音：ti^{6} ʔjət^{7} ma:u^{4} van^{1} ti^{6} ȵi^{6} ju^{4} van^{1} ti^{6} ha:m^{1} sən^{2} van^{1}

直译：第 一 卯 日 第 二 酉 日 第 三 辰 日

意译：第一元卯日、第二元酉日、第三元辰日凶。

原文：

注音：ti^{6} ɕi^{5} hi^{3} van^{1} ti^{6} ŋo^{4} ʁa:i^{3} van^{1}

直译：第 四 子 日 第 五 亥 日

意译：第四元子日、第五元亥日。

原文：

注音：ti^{6} ljok^{8} ɕi^{4} van^{1} ti^{6} ɕət^{7} ji^{2} van^{1} ɕoŋ^{1}

直译：第 六 巳 日 第 七 寅 日 凶

意译：第六巳日、第七元寅日凶。

篇章意译

第一元卯日、第二元酉日、第三元辰日、第四元子日、第五元亥日、第六巳日、第七元寅日凶。

说明

地杀相即姑地杀相，为水书中的一种凶祸条目，起造忌用。

绝烟火

原文:					
注音:tsjeŋ^{1}	ŋo^{4}	ʈu^{3}	ma:u^{4}	van^{1}	ɕoŋ^{1}
直译:正	五	九	卯	日	凶

意译:正月、五月、九月卯日凶。

原文:					
注音:ȵi^{6}	ljok^{8}	sup^{8}	hi^{3}	van^{1}	ɕoŋ^{1}
直译:二	六	十	子	日	凶

意译:二月、六月、十月子日凶。

原文:					
注音:ha:m^{1}	ɕət^{7}	sup^{8}ʔjət^{7}	ju^{4}	van^{1}	ɕoŋ^{1}
直译:三	七	十一	酉	日	凶

意译:三月、七月、十一月酉日凶。

原文:					
注音:ɕi^{5}	pa:t^{7}	sup^{8}ȵi^{6}	ŋo^{2}	van^{1}	ɕoŋ^{1}
直译:四	八	十二	午	日	凶

意译:四月、八月、十二月午日凶。

原文:									
注音:ŋo^{4}	sup^{8}ʔjət^{7}	sən^{2}	hət^{7}	ljok^{8}	sup^{8}ȵi^{6}	ʁa:i^{3}	ɕi^{4}	van^{1}	ɕoŋ^{1}
直译:五	十一	辰	戌	六	十二	亥	巳	日	凶

意译:五月、十一月辰日、戌日，六月、十二月亥日、巳日凶。

原文:

注音:tsjeŋ^{1}　çət^{7}　hi^{3}　ŋo^{2}　van^{1}　ȵi^{6}　pa:t^{7}　su^{3}　mi^{6}　van^{1}　çoŋ^{1}

直译:正　七　子　午　日　二　八　丑　未　日　凶

意译:正月、七月子日、午日,二月、八月丑日、未日凶。

原文:

注音:ha:m^{1}　ȶu^{3}　ji^{2}　sən^{1}　çi^{5}　sup^{8}　ma:u^{4}　ju^{4}　van^{1}　çoŋ^{1}

直译:三　九　寅　申　四　十　卯　酉　日　凶

意译:三月、九月寅日、申日,四月、十月卯日、酉日凶。

篇章意译

正月、五月、九月卯日凶,二月、六月、十月子日凶。
三月、七月、十一月酉日凶,四月、八月、十二月午日凶。
五月、十一月辰日、戌日,六月、十二月亥日、巳日凶。
正月、七月子日、午日,二月、八月丑日、未日凶。
三月、九月寅日、申日,四月、十月卯日、酉日凶。

说明

绝烟火为水书中的凶祸条目,意为断烟火;起造忌用纸烟日。

万花(二)

原文：[illegible]

注音：tsjeŋ^{1} ŋo^{4} ʈu^{3} hi^{3} van^{1} ɕoŋ^{1} ȵi^{5} ljok^{8} sup^{8} ma:u^{4} van^{1} ɕoŋ^{1}

直译：正 五 九 子 日 凶 二 六 十 卯 日 凶

意译：正月、五月、九月子日，二月、六月、十月卯日凶。

原文：[illegible]

注音：ha:m^{1} ɕət^{7} sup^{8}ʔjət^{7} ŋo^{2} van^{1} ɕoŋ^{1} ɕi^{5} pa:t^{7} sup^{8}ȵi^{5} ju^{4} van^{1} ɕoŋ^{1}

直译：三 七 十一 午 日 凶 四 八 十二 酉 日 凶

意译：三月、七月、十一月午日，四月、八月、十二月酉日凶。

篇章意译

正月、五月、九月子日，二月、六月、十月卯日凶。

三月、七月、十一月午日，四月、八月、十二月酉日凶。

说明

万花，水语译音，意为火日，为起造忌用日。

第火日

原文：

注音：tsjeŋ^1 su^3 van^1 ȵi^6 ji^2 van^1 ha:m^1 ma:u^4 van^1 ɕi^5 sən^2 van^1

直译：正 丑 日 二 寅 日 三 卯 日 四 辰 日

意译：正月丑日、二月寅日、三月卯日、四月辰日凶。

原文：

注音：ŋo^4 ɕi^4 van^1 ljok^8 ŋo^2 van^1 ɕət^7 mi^6 van^1 pa:t^7 sən^1 van^1

直译：五 巳 日 六 午 日 七 未 日 八 申 日

意译：五月巳日、六月午日、七月未日、八月申日凶。

原文：

注音：ţu^3 ju^4 van^1 sup^8 hət^7 van^1 sup^{8}ʔjət^7 ʁa:i^3 van^1 sup^{8}ȵi^6 hi^3 ɕoŋ^1

直译：九 酉 日 十 戌 日 十一 亥 日 十二 子 凶

意译：九月酉日、十月戌日、十一月亥日、十二月子日凶。

篇章意译

正月丑日、二月寅日、三月卯日、四月辰日凶。
五月巳日、六月午日、七月未日、八月申日凶。
九月酉日、十月戌日、十一月亥日、十二月子日凶。

说明

第火日为建造凶日，起造忌用。

灭门

原文:

注音:tsjeŋ^{1} ʨi^{1} ɕi^{4} ȵi^{6} ʨa:p^{7} hi^{3} ha:m^{1} ʔjit^{7} mi^{6} ɕi^{5} pjeŋ^{3} ji^{2}

直译:正 己 巳 二 甲 子 三 乙 未 四 丙 寅

意译:正月己巳日、二月甲子日、三月乙未日、四月丙寅日凶。

原文:

注音:ŋo^{4} ʨi^{1} ju^{4} van^{1} ljok^{8} ȵum^{2} sən^{2} ɕət^{7} ʨi^{1} ʁa:i^{3} pa:t^{7} ʨa:p^{7} ŋo^{2} van^{1}

直译:五 己 酉 日 六 壬 辰 七 己 亥 八 甲 午 日

意译:五月己酉日、六月壬辰日、七月己亥日、八月甲午日凶。

原文:

注音:ʨu^{3} ʔjit^{7} su^{3} van^{1} sup^{8} pjeŋ^{3} sən^{1} van^{1}

直译:九 乙 丑 日 十 丙 申 日

意译:九月乙丑日、十月丙申日。

原文:

注音:sup^{8}ʔjət^{7} ʨi^{1} ma:u^{4} van^{1} sup^{8}ȵi^{6} ȵum^{2} van^{1} hət^{7}

直译:十一 己 卯 日 十二 壬 日 戌

意译:十一月己卯日、十二月壬戌日凶。

篇章意译

正月己巳日、二月甲子日、三月乙未日、四月丙寅日凶。

五月己酉日、六月壬辰日、七月己亥日、八月甲午日凶。
九月乙丑日、十月丙申日、十一月己卯日、十二月壬戌日凶。

说明

灭门，水书条目，是门丁绝灭之意，起造忌用。

作哄时

原文：[illegible]　[illegible]　[illegible]　上线　[illegible]　天罡

注音：tsjeŋ^{1}　ɕət^{7}　su^{3}　shang^{1}xian^{1}　ji^{2}　thjen^{1}qa:ŋ^{1}

直译：正　七　丑　上线　寅　天罡

意译：正月、七月丑日为上线，寅日为天罡。

原文：[illegible]　[illegible]　[illegible]　作哄

注音：ma:u^{4}　ta:i^{1}ʔjət^{7}　sən^{2}　zso^{ŋ3}ho^{ŋ5}

直译：卯　大引　辰　作哄

意译：卯日为大引，辰日为作哄。

原文：[illegible]　中贺　[illegible]　贺害　[illegible]　奴希

注音：ɕi^{4}　tso^{ŋ3}hoi^{1}　ŋo^{2}　ho^{1}ha:i^{1}　mi^{6}　ȵui^{3}ɕi^{3}

直译：巳　中祸　午　祸害　未　奴希

意译：巳日为中祸，午日为祸害，未日为奴希。

原文：[illegible]　堂明　[illegible]　上线

注音：sən^{1}　ta:ŋ^{1}mjan^{1}　ju^{4}　shang^{1}xian^{1}

直译：申　堂明　酉　上线

意译：申日为堂明，酉日为上线。

原文：[illegible]　天罡　[illegible]　[illegible]　[illegible]　作哄

注音：hət^{7}　thjen^{1}qa:ŋ^{1}　ʁa:i^{3}　ta:i^{1}ʔjət^{7}　hi^{3}　zso^{ŋ3}ho^{ŋ5}

直译：戌　天罡　亥　大引　子　作哄

意译：戌日为天罡，亥日为大引，子日为作哄。

原文：□ □ □ 天罡 □ □ □ 作哄
注音：ȵi6 pa:t7 su3 thjen1qa:ŋ1 ji2 ta:i1ʔjət7 ma:u4 zsoŋ3hoŋ5
直译：二 八 丑 天罡 寅 大引 卯 作哄
意译：二月、八月丑日为天罡，寅日为大引，卯日为作哄。

原文：□ 中贺 □ 贺害 □ 奴希
注音：sən2 tsoŋ3hoi1 ɕi4 ho1ha:i1 ŋo2 ȵui3ɕi3
直译：辰 中祸 巳 祸害 午 奴希
意译：辰日为中祸，巳日为祸害，午日为奴希。

原文：□ 堂明 □ 上线
注音：mi6 ta:ŋ1mjan1 sən1 shang1xian1
直译：未 堂明 申 上线
意译：未日为堂明，申日为上线。

原文：□ 天罡 □ □ □ 作哄 □ 中贺 □
注音：ju4 thjen1qa:ŋ1 hət7 ta:i1ʔjət7 ʁa:i3 zsoŋ3hoŋ5 hi3 tsoŋ3hoi1 ɕoŋ1
直译：酉 天罡 戌 大引 亥 作哄 子 中祸 凶
意译：酉日为天罡，戌日为大引，亥日为作哄，子日为中祸，凶。

原文：□ □ □ □ □ 作哄
注音：ha:m1 ʈu3 su3 ta:i1ʔjət7 ji2 zsoŋ3hoŋ5
直译：三 九 丑 大引 寅 作哄
意译：三月、九月丑日为大引，寅日为作哄。

原文：□ 中贺 □ 奴希 贺害
注音：ma:u4 tsoŋ3hoi1 sən2 ȵui3ɕi3 ho1ha:i1
直译：卯 中祸 辰 奴希 祸害
意译：卯日为中祸，辰日为奴希、祸害，凶。

原文：巳 奴希 午 堂明 未 上线

注音：ɕi^{4} ȵui^{3}ɕi^{3} ŋo^{2} ta:ŋ^{1}mjan^{1} mi^{6} shang^{1}xian^{1}

直译：巳 奴希 午 堂明 未 上线

意译：巳日为奴希，午日为堂明，未日为上线。

原文：申 天罡 酉 大引

注音：sən^{1} thjen^{1}qa:ŋ^{1} ju^{4} ta:i^{1}ʔjət^{7}

直译：申 天罡 酉 大引

意译：申日为天罡，酉日为大引。

原文：戌 作哄 亥 中贺 子 贺害

注音：hət^{7} zso^{ŋ3}ho^{ŋ5} ʁa:i^{3} tso^{ŋ3}hoi^{1} hi^{3} ho^{1}ha:i^{1}

直译：戌 作哄 亥 中祸 子 祸害

意译：戌日为作哄，亥日为中祸，子日为祸害。

原文：四 十 丑 作哄 寅 中贺 卯 贺害 辰 奴希

注音：ɕi^{5} sup^{8} su^{3} zso^{ŋ3}ho^{ŋ5} ji^{2} tso^{ŋ3}hoi^{1} ma:u^{4} ho^{1}ha:i^{1} sən^{2} ȵui^{3}ɕi^{3}

直译：四 十 丑 作哄 寅 中祸 卯 祸害 辰 奴希

意译：四月、十月丑日为作哄，寅日为中祸，卯日为祸害，辰日为奴希。

原文：巳 堂明 午 上线 未 天罡 申 大引

注音：ɕi^{4} ta:ŋ^{1}mjan^{1} ŋo^{2} shang^{1}xian^{1} mi^{6} thjen^{1}qa:ŋ^{1} sən^{1} ta:i^{1}ʔjət^{7}

直译：巳 堂明 午 上线 未 天罡 申 大引

意译：巳日为堂明，午日为上线，未日为天罡，申日为大引。

原文：酉 作哄 戌 中贺 亥 贺害 子 奴希

注音：ju^{4} zso^{ŋ3}ho^{ŋ5} hət^{7} tso^{ŋ3}hoi^{1} ʁa:i^{3} ho^{1}ha:i^{1} hi^{3} ȵui^{3}ɕi^{3}

直译：酉 作哄 戌 中祸 亥 祸害 子 奴希

意译：酉日为作哄，戌日为中祸，亥日为祸害，子日为奴希。

原文：乜　卞　丑　中贺　兰　贺害

注音：ŋo^{4}　sup^{8}ʔjət^{7}　su^{3}　tso^{ŋ3}hoi^{1}　ji^{2}　ho^{1}ha:i^{1}

直译：五　十一　丑　中祸　寅　祸害

意译：五月、十一月丑日为中祸，寅日为祸害。

原文：卯　奴希　辰　堂明

注音：ma:u^{4}　ȵui^{3}ɕi^{3}　sən^{2}　ta:ŋ^{1}mjan^{1}

直译：卯　奴希　辰　堂明

意译：卯日为奴希，辰日为堂明。

原文：巳　上线　午　天罡　未　大引　申　作哄

注音：ɕi^{4} shang^{1}xian^{1}　ŋo^{2} thjen^{1}qa:ŋ^{1}　mi^{6}　ta:i^{1}ʔjət^{7} sən^{1}　zso^{ŋ3}ho^{ŋ5}

直译：巳　上线　午　天罡　未　大引　申　作哄

意译：巳日为上线，午日为天罡，未日为大引，申日为作哄。

原文：酉　中贺　戌　贺害　亥　奴希　子　堂明

注音：ju^{4}　tso^{ŋ3}hoi^{1}　hət^{7}　ho^{1}ha:i^{1}　ʁa:i^{3}　ȵui^{3}ɕi^{3}　ɭi^{3}　ta:ŋ^{1}mjan^{1}

直译：酉　中祸　戌　祸害　亥　奴希　子　堂明

意译：酉日为中祸，戌日为祸害，亥日为奴希，子日为堂明。

原文：六　十二　丑　贺害　寅　奴希　卯　堂明

注音：ljok^{8}　sup^{8}ȵi^{6}　su^{3}　ho^{1}ha:i^{1}　ji^{2}　ȵui^{3}ɕi^{3}　ma:u^{4}　ta:ŋ^{1}mjan^{1}

直译：六　十二　丑　祸害　寅　奴希　卯　堂明

意译：六月、十二月丑日为祸害，寅日为奴希，卯日为堂明。

原文：辰　上线　巳　天罡　午　大引

注音：sən^{2}　shang^{1}xian^{1}　ɕi^{4} thjen^{1}qa:ŋ^{1}　ŋo^{2}　ta:i^{1}ʔjət^{7}

直译：辰　上线　巳　天罡　午　大引

意译：辰日为上线，巳日为天罡，午日为大引。

原文：**未　作哄　申　中贺**

注音：mi^{6}　zso^{ŋ3}ho^{ŋ5}　sən^{1}　tso^{ŋ3}hoi^{1}

直译：未　作哄　申　中祸

意译：未日为作哄，申日为中祸。

原文：**酉　贺害　戌　奴希　亥　堂明　子　上线**

注音：ju^{4}　ho^{1}ha:i^{1}　hət^{7}　ȵui^{3}ɕi^{3}　ʁa:i^{3}　ta:ŋ^{1}mjan^{1}　hi^{3}　shang^{1}xian^{1}

直译：酉　祸害　戌　奴希　亥　堂明　子　上线

意译：酉日为祸害，戌日为奴希，亥日为堂明，子日为上线。

篇章意译

正月、七月丑日为上线，寅日为天罡，卯日为大引，辰日为作哄，巳日为中祸，午日为祸害，未日为奴希，申日为堂明，酉日为上线，戌日为天罡，亥日为大引，子日为作哄，凶。

二月、八月丑日为天罡，寅日为大引，卯日为作哄，辰日为中祸，巳日为祸害，午日为奴希，未日为堂明，申日为上线，酉日为天罡，戌日为大引，亥日为作哄，子日为中祸，凶。

三月、九月丑日为大引，寅日为作哄，卯日为中祸，辰日为奴希、祸害，巳日为奴希，午日为堂明，未日为上线，申日为天罡，酉日为大引，戌日为作哄，亥日为中祸，子日为祸害，凶。

四月、十月丑日为作哄，寅日为中祸，卯日为祸害，辰日为奴希，巳日为堂明，午日为上线，未日为天罡，申日为大引，酉日为作哄，戌日为中祸，亥日为祸害，子日为奴希，凶。

五月、十一月丑日为中祸，寅日为祸害，卯日为奴希，辰日为堂明，巳日为上线，午日为天罡，未日为大引，申日为作哄，酉日为中祸，戌日为祸害，亥日为奴希，子日为堂明，凶。

六月、十二月丑日为祸害，寅日为奴希，卯日为堂明，辰日为上线，巳日为天罡，午日为大引，未日为作哄，申日为中祸，酉日为祸害，戌日为奴希，亥日为堂明，子日为上线，凶。

说明

作哄时水书中的一种凶祸条目，建房忌用作哄时。

梭项时

原文:

注音:tsjeŋ^{1} ɕət^{7} qeŋ^{1} ȶa:p^{7} si^{2} ȵi^{6} pa:t^{7} ʔjit^{7} ɕən^{1} si^{2}

直译:正 七 庚 甲 时 二 八 乙 辛 时

意译:正月、七月庚时、甲时,二月、八月乙时、辛时凶。

原文:

注音:ha:m^{1} ȶu^{3} ljok^{8} sup^{8}ȵi^{6} mu^{6} ȶi^{1} si^{2}

直译:三 九 六 十二 戊 己 时

意译:三月、九月、六月、十二月戊时、己时凶。

原文:

注音:ŋo^{4} sup^{8}ȵi^{6} tjeŋ^{1} ȶui^{5} si^{2} ɕi^{5} sup^{8}ȵi^{6} pjeŋ^{3} ȵum^{2} si^{2} ɕoŋ^{1}

直译:五 十二 丁 癸 时 四 十二 丙 壬 时 凶

意译:五月、十二月丁时、癸时,四月、十二月丙时、壬时凶。

篇章意译

正月、七月庚时、甲时,二月、八月乙时、辛时凶。
三月、九月、六月、十二月戊时、己时凶。
五月、十二月丁时、癸时,四月、十二月丙时、壬时凶。

说明

梭项是水书一个条目,水语音译,意为使事物接连不断地持续发生凶事;梭项时忌用于起造。

春夏凶时

原文:

注音:sən^{1} ha:m^{1} njen^{2} ɕi^{4} si^{2} ja^{3} ha:m^{1} njen^{2} ma:u^{4} si^{2}

直译:春 三 月 巳 时 夏 三 月 卯 时

意译:春季三个月巳时,夏季三个月卯时凶。

原文:

注音:ɕu^{1} ha:m^{1} njen^{2} ji^{2} si^{2} toŋ^{1} ha:m^{1} njen^{2} ʁa:i^{3} si^{2}

直译:秋 三 月 寅 时 冬 三 月 亥 时

意译:秋季三个月寅时,冬季三个月亥时凶。

原文:

注音:tsjeŋ^{1} ɕi^{5} ɕət^{7} sup^{8} njen^{2} ji^{2} si^{2}

直译:正 四 七 十 月 寅 时

意译:正月、四月、七月、十月寅时凶。

原文:

注音:ȵi^{6} ŋo^{4} pa:t^{7} sup^{8}ʔjət^{7} njen^{2} ji^{2} si^{2}

直译:二 五 八 十一 月 寅 时

意译:二月、五月、八月、十一月寅时凶。

原文:

注音:ha:m^{1} ljok^{8} ȶu^{3} sup^{8}ȵi^{6} njen^{2} su^{3} si^{2} ɕoŋ^{1}

直译:三 六 九 十二 月 丑 时 凶

意译:三月、六月、九月、十二月丑时凶。

篇章意译

春季三个月巳时,夏季三个月卯时凶。
秋季三个月寅时,冬季三个月亥时凶。
正月、四月、七月、十月寅时凶,
三月、六月、九月、十二月丑时凶。

黄时(三)

原文:

注音:ʈa:p^{7} ʈi^{1} van^{1} ji^{2} si^{2} ʔjit^{7} qeŋ^{1} van^{1} qeŋ^{1} si^{2} sən^{2} si^{2}

直译:甲 己 日 寅 时 乙 庚 日 庚 时 辰 时

意译:甲日、己日寅时,乙日、庚日庚时、辰时凶。

原文:

注音:pjeŋ^{3} ɕən^{1} van^{1} sən^{1} si^{2} tjeŋ^{1} ȵum^{2} van^{1} ŋo^{2} si^{2}

直译:丙 辛 日 申 时 丁 壬 日 午 时

意译:丙日、辛日申时,丁日、壬日午时凶。

原文:

注音:mu^{6} ʈui^{5} van^{1} sən^{2} hət^{7} si^{2} ɕoŋ^{1}

直译:戊 癸 日 辰 戌 时 凶

意译:戊日、癸日辰时、戌时凶。

篇章意译

甲日、己日寅时,乙日、庚日庚时、辰时凶。
丙日、辛日申时,丁日、壬日午时凶。
戊日、癸日辰时、戌时凶。

姑底时

原文:

注音:ti^{6} ʔjət^{7} su^{3} si^{2} ti^{6} ȵi^{6} ji^{2} si^{2} ti^{6} ha:m^{1} ma:u^{4} si^{2}

直译:第 一 丑 时 第 二 寅 时 第 三 卯 时

意译:第一元丑时、第二元寅时、第三元卯时凶。

原文:

注音:ti^{6} ɕi^{5} ma:u^{4} sən^{2} si^{2} ti^{6} ŋo^{4} ɕi^{4} si^{2} ti^{6} ljok^{8} ŋo^{2} si^{2}

直译:第 四 卯 辰 时 第 五 巳 时 第 六 午 时

意译:第四元卯时、辰时,第五元巳时,第六元午时凶。

原文:

注音:ti^{6} ɕət^{7} mi^{6} si^{2} ɕoŋ^{1}

直译:第 七 未 时 凶

意译:第七元未时凶。

篇章意译

第一元丑时、第二元寅时、第三元卯时凶,第四元卯时、辰时,第五元巳时,第六元午时,第七元未时凶。

风容时

原文:

注音:sən^{1} tsi^{6} hi^{3} si^{2} ja^{3} tsi^{6} mi^{6} si^{2}

直译:春 忌 子 时 夏 忌 未 时

意译:春季忌子时,夏季忌未时。

原文:

注音:ɕu^{1} tsi^{6} ɕi^{4} mu^{6} si^{2} toŋ^{1} ŋo^{2} si^{2}

直译:秋 忌 巳 戊 时 冬 午 时

意译:秋季忌巳时、戊时,冬季忌午时。

篇章意译

春季忌子时,夏季忌未时。

秋季忌巳时、戊时,冬季忌午时。

倒把日

原文:								
注音:	hi^{3}	ŋo^{2}	ma:u^{4}	ju^{4}	mbe^{1}	hi^{3}	ju^{4}	van^{1}
直译:	子	午	卯	酉	年	子	酉	日

意译:子年、午年、卯年、酉年子日、酉日凶。

原文:								
注音:	su^{3}	hi^{3}	sən^{2}	hət^{7}	mbe^{1}	ma:u^{4}	mi^{6}	van^{1}
直译:	丑	子	辰	戌	年	卯	未	日

意译:丑年、子年、辰年、戌年卯日、未日凶。

原文:								
注音:	ji^{2}	sən^{1}	ɕi^{4}	ʁa:i^{3}	mbe^{1}	ŋo^{2}	ju^{4}	van^{1}
直译:	寅	申	巳	亥	年	午	酉	日

意译:寅年、申年、巳年、亥年午日、酉日凶。

篇章意译

子年、午年、卯年、酉年子日、酉日为倒把日,凶。
丑年、子年、辰年、戌年卯日、未日为倒把日,凶。
寅年、申年、巳年、亥年午日、酉日为倒把日,凶。

说明

倒把,水语音译,意为放火烧山,起造忌用倒把日。

万拜敢(一)

原文:

注音:hi^{3} ŋo^{2} ma:u^{4} ju^{4} mbe^{1} ju^{4} van^{1} ʈət^{7}

直译:子 午 卯 酉 年 酉 日 吉

意译:子年、午年、卯年、酉年酉日吉。

原文:

注音:su^{3} mi^{6} sən^{2} hət^{7} mbe^{1} ji^{2} van^{1}

直译:丑 未 辰 戌 年 寅 日

意译:丑年、未年、辰年、戌年寅日吉。

原文:

注音:ji^{2} sɔn^{1} ɕi^{4} ʁa:i^{3} mbe^{1} ŋo^{2} van^{1} ʈət^{7}

直译:寅 申 巳 亥 年 午 日 吉

意译:寅年、申年、巳年、亥年午日吉。

篇章意译

子年、午年、卯年、酉年酉日吉。
丑年、未年、辰年、戌年寅日吉。
寅年、申年、巳年、亥年午日吉。

说明

万拜敢,水语音译,意为迁居。以上为迁居吉日。

万拜敢(二)

原文:
注音:sən^{1} hi^{3} sən^{2} mbe^{1} ŋo^{2} mi^{6} van^{1} fa:ŋ^{1} ɕoŋ^{1}
直译:申 子 辰 年 午 未 日 方 凶
意译:申年、子年、辰年午日午方、未日未方凶。

原文:
注音:ɕi^{4} ju^{4} su^{3} mbe^{1} ji^{2} ma:u^{4} sən^{2} van^{1} fa:ŋ^{1} ɕoŋ^{1}
直译:巳 酉 丑 年 寅 卯 辰 日 方 凶
意译:巳年、酉年、丑年寅日寅方、卯日卯方、辰日辰方凶。

原文:
注音:ji^{2} ŋo^{2} hət^{7} mbe^{1} ʁa:i^{3} hi^{3} su^{3} van^{1} fa:ŋ^{1} ɕoŋ^{1}
直译:寅 午 戌 年 亥 子 丑 日 方 凶
意译:寅年、午年、戌年亥日亥方、子日子方、丑日丑方凶。

原文:
注音:ʁa:i^{3} ma:u^{4} mi^{6} mbe^{1} sən^{1} ju^{4} hət^{7} van^{1} fa:ŋ^{1} ɕoŋ^{1}
直译:亥 卯 未 年 申 酉 戌 日 方 凶
意译:亥年、卯年、未年申日申方、酉日酉方、戌日戌方凶。

篇章意译

申年、子年、辰年午日午方、未日未方凶。
巳年、酉年、丑年寅日寅方、卯日卯方、辰日辰方凶。

寅年、午年、戌年亥日亥方、子日子方、丑日丑方凶。
亥年、卯年、未年申日申方、酉日酉方、戌日戌方凶。

说明

此章为迁居凶日方,迁居应避开这些日方。

破群日

原文：

注音：mu^{6} sən^{2} van^{1} ȶi^{1} ma:u^{4} van^{1} qeŋ^{1} ji^{2} van^{1}

直译：戊 辰 日 己 卯 日 庚 寅 日

意译：戊辰日、己卯日、庚寅日凶。

原文：

注音：ȵum^{2} sən^{2} van^{1} ȶa:p^{7} ji^{2} van^{1} qeŋ^{1} sən^{1} van^{1} ɕoŋ^{1}

直译：壬 辰 日 甲 寅 日 庚 申 日 凶

意译：壬辰日、甲寅日、庚申日凶。

篇章意译

戊辰日、己卯日、庚寅日、壬辰日、甲寅日、庚申日凶。

万拜敢(三)

原文:

注音:ti^{6} ʔjət^{7} sən^{2} van^{1} ti^{6} ȵi^{6} mi^{6} van^{1} ti^{6} ha:m^{1} ɕi^{4} van^{1} ţət^{7}

直译:第 一 辰 日 第 二 未 日 第 三 巳 日 吉

意译:第一元辰日、第二元未日、第三元巳日吉。

原文:

注音:ti^{6} ɕi^{5} ji^{2} van^{1} ti^{6} ŋo^{4} mi^{6} van^{1}

直译:第 四 寅 日 第 五 未 日

意译:第四元寅日、第五元未日。

原文:

注音:ti^{6} ljok^{8} hət^{7} van^{1} ti^{6} ɕət^{7} hi^{3} van^{1} ţət^{7}

直译:第 六 戌 日 第 七 子 日 吉

意译:第六元戌日、第七元子日吉。

篇章意译

第一元辰日、第二元未日、第三元巳日、第四元寅日、第五元未日、第六元戌日、第七元子日吉。

说明

以上为迁居异地吉日,用于迁去外地居住较吉。

万拜敢(四)

原文:

注音:ti^{6} ʔjət^{7} ȵum^{2} sən^{2} su^{1}ŋət^{8}su^{1} ȶət^{7} ji^{2} si^{2} ȶət^{7}

直译:第 一 壬 辰 虚日鼠 吉 寅 时 吉

意译:第一元壬辰日逢虚日鼠,寅时吉。

原文:

注音:ti^{6} ȵi^{6} ȶui^{5} mi^{6} ȶu^{3}sui^{3}peu^{5} ȶət^{7} mi^{6} si^{2} ȶət^{7}

直译:第 二 癸 未 箕水豹 吉 未 时 吉

意译:第二元癸未日逢箕水豹,未时吉。

原文:

注音:ti^{6} ha:m^{1} qeŋ^{1} sən^{1} ɕeu^{3}mok^{8}ŋa:n^{6} ȶət^{7} ma:u^{4} si^{2} ȶət^{7}

直译:第 三 庚 申 井木犴 吉 卯 时 吉

意译:第三元庚申日逢井木犴,卯时吉。

原文:

注音:ti^{6} ɕi^{5} ȶa:p^{7} hət^{7} van^{1} ɕum^{1}ȵot^{8}ʔu^{1} ȶət^{7} ju^{4} si^{2} ȶət^{7}

直译:第 四 甲 戌 日 心月狐 吉 酉 时 吉

意译:第四元甲戌日逢心月狐,酉时吉。

原文:

注音:ti^{6} ŋo^{4} ȶi^{1} ma:u^{4} nju^{4}thu^{4}fok^{8} ȶət^{7} ŋo^{2} si^{2} ȶət^{7}

直译:第 五 己 卯 壁水貐 吉 午 时 吉

意译:第五元己卯日逢壁水貐,午时吉。

原文:

注音:ti^6 ljok^8 ȶui^5 ju^4 nju^{4}ȵot^{8}ʔin^5 ŋo^2 si^2 ȶət^7

直译:第 六 癸 酉 危月燕 午 时 吉

意译:第六元癸酉日逢危月燕,午时吉。

原文:

注音:ti^6 ɕət^7 ȵum^2 ŋo^2 ɕa:ŋ^{1}ȵət^{8}ma^4 ju^4 si^2 ȶət^7

直译:第 七 壬 午 星日马 酉 时 吉

意译:第七元壬午日逢星日马,酉时吉。

篇章意译

第一元壬辰日逢虚日鼠,寅时吉。
第二元癸未日逢箕水豹,未时吉。
第三元庚申日逢井木犴,卯时吉。
第四元甲戌日逢心月狐,酉时吉。
第五元己卯日逢壁水貐,午时吉。
第六元癸酉日逢危月燕,午时吉。
第七元壬午日逢星日马,酉时吉。

说明

以上为移居之吉日,看在第几元内逢该星宿和时辰者用事则吉。

万整孔(一)

原文:

注音:ȶa:p^{7} pjeŋ^{3} qeŋ^{1} hi^{3} van^{1} qeŋ^{1} sən^{2} ji^{2} ŋo^{2} van^{1}

直译:甲 丙 庚 子 日 庚 辰 寅 午 日

意译:甲子日、丙子日、庚子日、庚辰日、庚寅日、庚午日吉。

原文:

注音:ȶi^{1} ɕi^{4} van^{1} ȵum^{2} ŋo^{2} van^{1} ȶui^{5} mi^{6} van^{1}

直译:己 巳 日 壬 午 日 癸 未 日

意译:己巳日、壬午日、癸未日。

原文:

注音:ȶa:p^{7} hət^{7} van^{1} ʔjit^{7} ʁa:i^{3} van^{1} ȶət^{7}

直译:甲 戌 日 乙 亥 日 吉

意译:、甲戌日、乙亥日吉。

篇章意译

甲子日、丙子日、庚子日、庚辰日、庚寅日、庚午日吉。

己巳日、壬午日、癸未日、甲戌日、乙亥日吉。

说明

万整孔,水语音译,意为修圈。以上为修圈吉日。

俄益

原文:

注音:ti^{6} ʔjət^{7} ʔjət^{7} su^{3} mu^{6} ji^{2} van^{1} ɕoŋ^{1}

直译:第 一 乙 丑 戊 寅 日 凶

意译:第一元乙丑日、戊寅日凶。

原文:

注音:ti^{6} ȵi^{6} ȶui^{5} ju^{4} van^{1} ɕoŋ^{1}

直译:第 二 癸 酉 日 凶

意译:第二元癸酉日凶。

原文:

注音:ti^{6} ha:m^{1} ȵi^{6} tjeŋ^{1} ʁa:i^{3} ȶa:p^{7} ŋo^{2} van^{1} ɕoŋ^{1}

直译:第 三 二 丁 亥 甲 午 日 凶

意译:第三、二元丁亥日、甲午日凶。

原文:

注音:ti^{6} ɕi^{5} ȶui^{5} mi^{6} ʔjit^{7} su^{3} van^{1} ɕoŋ^{1}

直译:第 四 癸 未 乙 丑 日 凶

意译:第四元癸未日、乙丑日凶。

原文:

注音:ti^{6} ɕi^{5} ŋo^{4} ʔjit^{7} su^{3} ȶa:p^{7} hət^{7} van^{1} ɕoŋ^{1}

直译:第 四 五 乙 丑 甲 戌 日 凶

意译:第四、五元乙丑日、甲戌日凶。

原文:

注音:ti^{6} ljok^{8} ʔjit^{7} su^{3} van^{1} ɕoŋ^{1}

直译:第 六 乙 丑 日 凶

意译:第六元乙丑日凶。

原文:

注音:ti^{6} ɕət^{7} ɕən^{1} mi^{6} van^{1} ɕoŋ^{1}

直译:第 七 辛 未 日 凶

意译:第七元辛未日凶。

篇章意译

第一元乙丑日、戊寅日凶,第二元癸酉日凶,第二元、三元丁亥日、甲午日凶,第四元癸未日、乙丑日凶,第四元、五元乙丑日、甲戌日凶,第六元乙丑日凶,第七元辛未日凶。

说明

俄益为一种凶恶条目,起造忌用俄益日。

春夏必

原文：

注音：sən^{1} ha:m^{1} sən^{1} hi^{3} sən^{2} van^{1} ʈət^{7}

直译：春 三 申 子 辰 日 吉

意译：春季三个月申日、子日、辰日吉。

原文：

注音：ja^{3} ha:m^{1} njen^{2} ʁa:i^{3} ma:u^{4} mi^{6} van^{1} ʈət^{7}

直译：夏 三 月 亥 卯 未 日 吉

意译：夏季三个月亥日、卯日、未日吉。

原文：

注音：ɕu^{1} ha:m^{1} njen^{2} ji^{2} ŋo^{2} hət^{7} van^{1} ʈət^{7}

直译：秋 三 月 寅 午 戌 日 吉

意译：秋季三个月寅日、午日、戌日吉。

原文：

注音：toŋ^{1} ha:m^{1} njen^{2} ɕi^{4} ju^{4} su^{3} van^{1} ʈət^{7}

直译：冬 三 月 巳 酉 丑 日 吉

意译：冬季三个月巳日、酉日、丑日吉。

篇章意译

春季三个月申日、子日、辰日吉。

夏季三个月亥日、卯日、未日吉。

秋季三个月寅日、午日、戌日吉。
冬季三个月巳日、酉日、丑日吉。

说明

春夏必意为春季和夏季之肥日,用于起造较吉。

姑底

原文:

注音:ti^{6} ʔjət^{7} pjeŋ^{3} ji^{2} van^{1} ȶui^{5} ju^{4} van^{1} ȶət^{7}

直译:第 一 丙 寅 日 癸 酉 日 吉

意译:第一元丙寅日、癸酉日吉。

原文:

注音:ti^{6} ȵi^{6} ȶui^{5} ma:u^{4} van^{1} ȶui^{5} ʁa:i^{3} ɕən^{1} su^{3} ma:u^{4}

直译:第 二 癸 卯 日 癸 亥 辛 丑 卯

意译:第二元癸卯日、癸亥日、辛丑日、辛卯日。

原文:

注音:qeŋ^{1} ji^{2} van^{1} mu^{6} hi^{3} van^{1} ȶət^{7}

直译:庚 寅 日 戊 子 日 吉

意译:庚寅日、戊子日吉。

原文:

注音:ti^{6} ha:m^{1} ɕən^{1} mi^{6} van^{1} ȶət^{7} pjeŋ^{3} sən^{1} ʔjit^{7} ɕi^{4} van^{1} ɕoŋ^{1}

直译:第 三 辛 未 日 吉 丙 申 乙 巳 日 凶

意译:第三元辛未日吉,丙申日、乙巳日凶。

原文:

注音:ti^{6} ɕi^{5} qeŋ^{1} ŋo^{2} ȶət^{7} tjeŋ^{1} su^{3} ɕən^{1} ma:u^{4} van^{1} ɕoŋ^{1}

直译:第 四 庚 午 吉 丁 丑 辛 卯 日 凶

意译:第四元庚午日吉,丁丑日、辛卯日凶。

原文：

注音：ti^{6} ŋo^{4} ȶi^{1} ju^{4} van^{1} ȶət^{7} pjeŋ^{3} hət^{7} van^{1} ȶui^{5} ma:u^{4} van^{1} ɕoŋ^{1}

直译：第 五 己 酉 日 吉 丙 戌 日 癸 卯 日 凶

意译：第五元己酉日吉，丙戌日、癸卯日凶。

原文：

注音：ti^{6} ɕət^{7} ʔjit^{7} su^{3} van^{1} ɕoŋ^{1} tjeŋ^{1} su^{3} tjeŋ^{1} ma:u^{4} ȵum^{2} sən^{2} ɕoŋ^{1}

直译：第 七 乙 丑 日 凶 丁 丑 丁 卯 壬 辰 凶

意译：第七元乙丑日、丁丑日、丁卯日、壬辰日凶。

原文：

注音：ti^{6} ljok^{8} ʔjit^{7} su^{3} van^{1} ɕoŋ^{1}

直译：第 六 乙 丑 日 凶

意译：第六元乙丑日凶。

原文：

注音：tjeŋ^{1} ma:u^{4} ȶui^{5} mi^{6} pjeŋ^{3} ŋo^{2} ȶət^{7}

直译：丁 卯 癸 未 丙 午 吉

意译：丁卯日、癸未日、丙午日吉。

篇章意译

第一元丙寅日、癸酉日吉。

第二元癸卯日、癸亥日、辛丑日、辛卯日、庚寅日、戊子日吉。

第三元辛未日吉，丙申日、乙巳日凶。

第四元庚午日吉，丁丑日、辛卯日凶。

第五元己酉日吉，丙戌日、癸卯日凶。

第七元乙丑日、丁丑日、丁卯日、壬辰日凶。

第六元乙丑日凶，丁卯日、癸未日、丙午日吉。

点动

原文:

注音:hi^{3} ŋo^{2} ma:u^{4} ju^{4} mbe^{1} tsjeŋ^{1} ɕi^{5} ɕət^{7} sup^{8}

直译:子 午 卯 酉 年 正 四 七 十

意译:子年、午年、卯年、酉年正月、四月、七月、十月。

原文:

注音:pjeŋ^{3} ji^{2} ȶa:p^{7} hi^{3} ȶa:p^{7} hət^{7} ʔjit^{7} su^{3} van^{1} ʔjit^{7} ʁa:i^{3} ȶui^{5} mi^{6}

直译:丙 寅 甲 子 甲 戌 乙 丑 日 乙 亥 癸 未

意译:丙寅日、甲子日、甲戌日、乙丑日、乙亥日、癸未日凶。

原文:

注音:ȶa:p^{7} sən^{1} ȶui^{5} ɕi^{4} ȵum^{2} sən^{2} ȵum^{2} ji^{2} ȶui^{5} ma:u^{4} ɕən^{1} su^{3}

直译:甲 申 癸 巳 壬 辰 壬 寅 癸 卯 辛 丑

意译:甲申日、癸巳日、壬辰日、壬寅日、癸卯日、辛丑日凶。

原文:

注音:ȵum^{2} hi^{3} van^{1} ɕən^{1} ʁa:i^{3} qeŋ^{1} hət^{7} van^{1}

直译:壬 子 日 辛 亥 庚 戌 日

意译:壬子日、辛亥日、庚戌日。

原文:

注音:ɕən^{1} ju^{4} qeŋ^{1} sən^{1} ȶi^{1} mi^{6} van^{1} ɕoŋ^{1}

直译:辛 酉 庚 申 己 未 日 凶

意译:辛酉日、庚申日、己未日凶。

原文:

注音:mu^{6} sən^{2} ɕən^{1} mi^{6} pjeŋ^{3} hi^{3}

直译:戊 辰 辛 未 丙 子

意译:戊辰日、辛未日、丙子日吉。

原文:

注音:ȵum^{2} ŋo^{2} van^{1} ʨui^{5} ju^{4} tjeŋ^{1} ma:u^{4}

直译:壬 午 日 癸 酉 丁 卯

意译:壬午日、癸酉日、丁卯日吉。

原文:

注音:tjeŋ^{1} su^{3} van^{1} qeŋ^{1} sən^{2} pjeŋ^{3} hət^{7}

直译:丁 丑 日 庚 辰 丙 戌

意译:丁丑日、庚辰日、丙戌日。

原文:

注音:ɕən^{1} ma:u^{4} ʔjit^{7} ju^{4} ʨi^{1} su^{3} ʔjit^{7} mi^{6} van^{1}

直译:辛 卯 乙 酉 己 丑 乙 未 日

意译:辛卯日、乙酉日、己丑日、乙未日吉。

原文:

注音:ʨa:p^{7} ŋo^{2} qeŋ^{1} hi^{3} mu^{6} hət^{7} van^{1}

直译:甲 午 庚 子 戊 戌 日

意译:甲午日、庚子日、戊戌日。

原文:

注音:ʨa:p^{7} sən^{2} ʨi^{1} ju^{4} qeŋ^{1} hi^{3} tjeŋ^{1} mi^{6} ʨui^{5} ju^{4}

直译:甲 辰 己 酉 庚 子 丁 未 癸 酉

意译:甲辰日、己酉日、庚子日、丁未日、癸酉日吉。

原文:
注音:ȵum^{2} hət^{7} van^{1} mu^{6} ŋo^{2} pjeŋ^{3} sən^{2} van^{1} ʨət^{7}
直译:壬 戌 日 戊 午 丙 辰 日 吉
意译:壬戌日、戊午日、丙辰日吉。

原文:
注音:ʨi^{1} ɕi^{4} ȵum^{2} sən^{1} qeŋ^{1} ŋo^{2} ʨi^{1} ʁa:i^{3} van^{1} tjeŋ^{1} ʁa:i^{3} mu^{6} hi^{3}
直译:己 巳 壬 申 庚 午 己 亥 日 丁 亥 戊 子
意译:己巳日、壬申日、庚午日、己亥日、丁亥日、戊子日凶。

原文:
注音:pjeŋ^{3} sən^{1} tjeŋ^{1} ju^{4} ʔjit^{7} ɕi^{4} pjeŋ^{3} ŋo^{2} van^{1} ʔjit^{7} ma:u^{4} ʨa:p^{7} ji^{2}
直译:丙 申 丁 酉 乙 巳 丙 午 日 乙 卯 甲 寅
意译:丙申日、丁酉日、乙巳日、丙午日、乙卯日、甲寅日凶。

原文:
注音:qeŋ^{1} ji^{2} mu^{6} ji^{2} mu^{6} sən^{1} tjeŋ^{1} ɕi^{4} ʨi^{1} ma:u^{4} ɕən^{1} ɕi^{4} van^{1} ɕoŋ^{1}
直译:庚 寅 戊 寅 戊 申 丁 巳 己 卯 辛 巳 日 凶
意译:庚寅日、戊寅日、戊申日、丁巳日、己卯日、辛巳日凶。

原文:
注音:ji^{2} sən^{1} ɕi^{4} ʁa:i^{3} mbe^{1} ha:m^{1} ljok^{8} ʨu^{3} sup^{8}ȵi^{6}
直译:寅 申 巳 亥 年 三 六 九 十二
意译:寅年、申年、巳年、亥年三月、六月、九月、十二月。

原文:
注音:ʨa:p^{7} hi^{3} ʨui^{5} ju^{4} ʨa:p^{7} hət^{7}
直译:甲 子 癸 酉 甲 戌
意译:甲子日、癸酉日、甲戌日。

原文:

注音:ȵum^{2} ŋo^{2} van^{1} ȶui^{5} mi^{6} ɕən^{1} ma:u^{4} van^{1}

直译:壬 午 日 癸 未 辛 卯 日

意译:壬午日、癸未日、辛卯日凶。

原文:

注音:qeŋ^{1} hi^{3} ɕən^{1} su^{3} ȵum^{2} sən^{2}

直译:庚 子 辛 丑 壬 辰

意译:庚子日、辛丑日、壬辰日。

原文:

注音:ȶui^{5} ɕi^{4} van^{1} ȶi^{1} ju^{4} mu^{6} ŋo^{2} ȶi^{1} mi^{6} van^{1}

直译:癸 巳 日 己 酉 戊 午 己 未 日

意译:癸巳日、己酉日、戊午日、己未日凶。

原文:

注音:qeŋ^{1} sən^{1} ʔjit^{7} su^{3} ȵum^{2} ji^{2} ɕən^{1} ʁa:i^{3} qeŋ^{1} hət^{7} van^{1} ɕoŋ^{1}

直译:庚 申 乙 丑 壬 寅 辛 亥 庚 戌 日 凶

意译:庚申日、乙丑日、壬寅日、辛亥日、庚戌日凶。

原文:

注音:mu^{6} ji^{2} ȶi^{1} ɕi^{4} ɕən^{1} mi^{6}

直译:戊 寅 己 巳 辛 未

意译:戊寅日、己巳日、辛未日。

原文:

注音:tjeŋ^{1} su^{3} mu^{6} ji^{2} qeŋ^{1} sən^{2} pjeŋ^{3} hət^{7} ȶi^{1} su^{3}

直译:丁 丑 戊 寅 庚 辰 丙 戌 己 丑

意译:丁丑日、戊寅日、庚辰日、丙戌日、己丑日凶。

原文:
注音:ʔjit^{7} mi^{6} pjeŋ^{3} sən^{1} van^{1} mu^{6} hət^{7} ȶa:p^{7} sən^{2} ʔjit^{7} ɕi^{4} ȶa:p^{7} ji^{2}
直译:乙 未 丙 申 日 戊 戌 甲 辰 乙 巳 甲 寅
意译:乙未日、丙申日、戊戌日、甲辰日、乙巳日、甲寅日凶。

原文:
注音:pjeŋ^{3} sən^{2} tjeŋ^{1} mi^{6} ȶui^{5} ʁa:i^{3} tjeŋ^{1} ʁa:i^{3} van^{1} ɕoŋ^{1}
直译:丙 辰 丁 未 癸 亥 丁 亥 日 凶
意译:丙辰日、丁未日、癸亥日、丁亥日凶。

原文:
注音:pjeŋ^{3} ji^{2} tjeŋ^{1} ma:u^{4} ȵum^{2} sən^{1}
直译:丙 寅 丁 卯 壬 申
意译:丙寅日、丁卯日、壬申日。

原文:
注音:ʔjit^{7} ʁa:i^{3} van^{1} pjeŋ^{3} hi^{3} ȶi^{1} ma:u^{4} van^{1}
直译:乙 亥 日 丙 子 己 卯 日
意译:乙亥日、丙子日、己卯日吉。

原文:
注音:ɕən^{1} ɕi^{4} ȶa:p^{7} sən^{1} ʔjit^{7} ju^{4} mu^{6} hi^{3} van^{1}
直译:辛 巳 甲 申 乙 酉 戊 子 日
意译:辛巳日、甲申日、乙酉日、戊子日。

原文:
注音:qeŋ^{1} ji^{2} ȶa:p^{7} ŋo^{2} tjeŋ^{1} ma:u^{4} van^{1}
直译:庚 寅 甲 午 丁 卯 日
意译:庚寅日、甲午日、丁卯日吉。

原文:
注音:ȶui^5 ma:u^4 ʔjit^7 ma:u^4 pjeŋ^3 ŋo^2 van^1 mu^6 sən^1
直译:癸 卯 乙 卯 丙 午 日 戊 申
意译:癸卯日、乙卯日、丙午日、戊申日。

原文:
注音:ȵum^2 hi^3 ȶui^5 su^3 tjeŋ^1 ɕi^4 van^1
直译:壬 子 癸 丑 丁 巳 日
意译:壬子日、癸丑日、丁巳日吉。

原文:
注音:ɕən^1 ju^4 ȵum^2 hət^7 van^1 ȵum^2 ŋo^2 ȶi^1 ʁa:i^3 van^1 ȶət^7
直译:辛 酉 壬 戌 日 壬 午 己 亥 日 吉
意译:辛酉日、壬戌日、壬午日、己亥日吉。

原文:
注音:su^3 mi^6 sən^2 hət^7 mbe^1 ȵi^6 ŋo^4 pa:t^7 sup^{8}ʔjət^7
直译:丑 未 辰 戌 年 二 五 八 十一
意译:丑年、未年、辰年、戌年二月、五月、八月、十一月。

原文:
注音:ȶa:p^7 hi^3 ȵum^2 sən^1 ȶui^5 ju^4
直译:甲 子 壬 申 癸 酉
意译:甲子日、壬申日、癸酉日凶。

原文:
注音:ɕən^1 ɕi^4 van^1 ȵum^2 ŋo^2 ȶui^5 mi^6 van^1
直译:辛 巳 日 壬 午 癸 未 日
意译:辛巳日、壬午日、癸未日凶。

原文:

注音:qeŋ1 ji2 ɕən1 ma:u4 ȵum2 sən2 tjeŋ1 ju4 van1 ʨi1 ʁa:i3 qeŋ1 hi3

直译:庚 寅 辛 卯 壬 辰 丁 酉 日 己 亥 庚 子

意译:庚寅日、辛卯日、壬辰日、丁酉日、己亥日、庚子日凶。

原文:

注音:ɕən1 su3 van1 qeŋ1 hət7 mu6 ŋo2 ʔjit7 mi6

直译:辛 丑 日 庚 戌 戊 午 乙 未

意译:辛丑日、庚戌日、戊午日、乙未日。

原文:

注音:ʨi1 mi6 tjeŋ1 ɕi4 van1 ɕoŋ1

直译:己 未 丁 巳 日 凶

意译:己未日、丁巳日凶。

原文:

注音:ʔjit7 su3 ʨi1 ɕi4 pjeŋ3 ji2 ɕən1 mi6 van1

直译:乙 丑 己 巳 丙 寅 辛 未 日

意译:乙丑日、己巳日、丙寅日、辛未日。

原文:

注音:ʔjit7 ʁa:i3 mu6 ji2 tjeŋ1 ʁa:i3 van1

直译:乙 亥 戊 寅 丁 亥 日

意译:乙亥日、戊寅日、丁亥日吉。

原文:

注音:ʨi1 su3 ʨui5 ɕi4 pjeŋ3 sən1 van1 mu6 hət7 ʨui5 ma:u4 ʔjit7 ɕi4

直译:己 丑 癸 巳 丙 申 日 戊 戌 癸 卯 乙 巳

意译:己丑日、癸巳日、丙申日、戊戌日、癸卯日、乙巳日吉。

原文：

注音：tjeŋ^{1} mi^{6} ɕən^{1} ʁa:i^{3} van^{1} ȵum^{2} hi^{3}

直译：丁 未 辛 亥 日 壬 子

意译：丁未日、辛亥日、壬子日。

原文：

注音：pjeŋ^{3} sən^{2} ɕən^{1} ju^{4} qeŋ^{1} sən^{2}

直译：丙 辰 辛 酉 庚 辰

意译：丙辰日、辛酉日、庚辰日吉。

原文：

注音：ʔjit^{7} mi^{6} tjeŋ^{1} ɕi^{4} mu^{6} ŋo^{2} ȶi^{1} mi^{6} qeŋ^{1} sən^{1} van^{1} ȶət^{7}

直译：乙 未 丁 巳 戊 午 己 未 庚 申 日 吉

意译：乙未日、丁巳日、戊午日、己未日、庚申日吉。

原文：

注音：tjeŋ^{1} ma:u^{4} mu^{6} sən^{2} qeŋ^{1} ŋo^{2} pjeŋ^{3} hi^{3} van^{1} tjeŋ^{1} su^{3} ȶi^{1} ma:u^{4}

直译：丁 卯 戊 辰 庚 午 丙 子 日 丁 丑 己 卯

意译：丁卯日、戊辰日、庚午日、丙子日、丁丑日、己卯日凶。

原文：

注音：ʔjit^{7} ju^{4} van^{1} pjeŋ^{3} hət^{7} mu^{6} hi^{3}

直译：乙 酉 日 丙 戌 戊 子

意译：乙酉日、丙戌日、戊子日凶。

原文：

注音：ȶa:p^{7} ŋo^{2} van^{1} ȶa:p^{7} sən^{2} pjeŋ^{3} ŋo^{2}

直译：甲 午 日 甲 辰 丙 午

意译：甲午日、甲辰日、丙午日凶。

原文：

注音：mu^{6} sən^{1} ȶi^{1} ju^{4} ȶui^{5} su^{3} van

直译：戊 申 己 酉 癸 丑 日

意译：戊申日、己酉日、癸丑日。

原文：

注音：ʔjit^{7} ma:u^{4} ȵum^{2} hət^{7} ȶui^{5} ʁa:i^{3} van^{1} ɕoŋ^{1}

直译：乙 卯 壬 戌 癸 亥 日 凶

意译：乙卯日、壬戌日、癸亥日凶。

篇章意译

子年、午年、卯年、酉年正月、四月、七月、十月，丙寅日、甲子日、甲戌日、乙丑日、乙亥日、癸未日凶，甲申日、癸巳日、壬辰日、壬寅日、癸卯日、辛丑日凶，壬子日、辛亥日、庚戌日、辛酉日、庚申日、己未日凶；戊辰日、辛未日、丙子日、壬午日、癸酉日、丁卯日吉，丁丑日、庚辰日、丙戌日、辛卯日、乙酉日、己丑日、乙未日吉，甲午日、庚子日、戊戌日、甲辰日、己酉日、丁未日、癸酉日吉，壬戌日、戊午日、丙辰日吉；己巳日、壬申日、庚午日、己亥日、丁亥日、戊子日凶。丙申日、丁酉日、乙巳日、丙午日、乙卯日、甲寅日凶，庚寅日、戊寅日、戊申日、丁巳日、己卯日、辛巳日凶。

寅年、申年、巳年、亥年三月、六月、九月、十二月，甲子日、癸酉日、甲戌日、壬午日、癸未日、辛卯日凶，庚子日、辛丑日、壬辰日、癸巳日、己酉日、戊午日、己未日凶，庚申日、乙丑日、壬寅日、辛亥日、庚戌日凶，戊寅日、己巳日、辛未日、丁丑日、庚辰日、丙戌日、己丑日凶，乙未日、丙申日、戊戌日、甲辰日、乙巳日、甲寅日凶，丙辰日、丁未日、癸亥日、丁亥日凶；丙寅日、丁卯日、壬申日、乙亥日、丙子日、己卯日吉，辛巳日、甲申日、乙酉日、戊子日、庚寅日、甲午日、丁卯日吉，癸卯日、乙卯日、丙午日、戊申日、壬子日、癸丑日、丁巳日吉，辛酉日、壬戌日、壬午日、己亥日吉。

丑年、未年、辰年、戌年二月、五月、八月、十一月，甲子日、壬申日、癸酉日、辛巳日、壬午日、癸未日凶，庚寅日、辛卯日、壬辰日、丁酉日、己亥日、庚子日凶，辛丑日、庚戌日、戊午日、乙未日、己未日、丁巳日凶；乙丑日、己巳日、丙寅日、辛未日、乙亥日、戊寅日、丁亥日吉，己丑日、癸巳日、丙申日、戊戌日、癸卯日、乙巳日吉，丁未日、辛亥日、壬子日、丙辰日、辛酉日、庚辰日吉，乙未日、丁巳日、戊午日、己未日、庚申日吉；丁卯日、戊辰日、庚午日、丙子日、丁丑日、己卯日凶，乙酉日、丙戌日、戊子日、甲午日、甲辰日、丙午日凶，戊申日、己酉日、癸丑日、乙卯日、壬戌日、癸亥日凶。

说明

水语音译，“点动”指一种在江边捕鱼的动物，水书以其形测吉凶，逢嘴和尾的日子为凶日，逢腹部的日子为吉日，起造者要避开凶日。

殿敢挤(一)

原文:

注音:sən^1 hi^3 sən^2 mbe^1 qeŋ^1 pjeŋ^3 van^1 ɕoŋ^1

直译:申 子 辰 年 庚 丙 日 凶

意译:申年、子年、辰年庚日、丙日凶。

原文:

注音:ɕi^4 ju^4 su^3 mbe^1 ɕən^1 ʈi^1 van^1 ɕoŋ^1

直译:巳 酉 丑 年 辛 己 日 凶

意译:巳年、酉年、丑年辛日、己日凶。

原文:

注音:ji^2 ŋo^2 hət mbe^1 ʈa:p^7 mu^6 van^1 ɕoŋ^1

直译:寅 午 戌 年 甲 戊 日 凶

意译:寅年、午年、戌年甲日、戊日凶。

原文:

注音:ʁa:i^3 ma:u^4 mi^6 mbe^1 ɲum^2 ʈui^5 van^1 ɕoŋ^1

直译:亥 卯 未 年 壬 癸 日 凶

意译:亥年、卯年、未年壬日、癸日凶。

原文:

注音:hi^3 ŋo^2 ma:u^4 ju^4 mbe^1

直译:子 午 卯 酉 年

意译:子年、午年、卯年、酉年。

原文:

注音:tsjeŋ^{1} ɕi^{5} ɕət^{7} sup^{8} mu^{6} ȶi^{1} van^{1} ɕoŋ^{1}

直译:正 四 七 十 戊 己 日 凶

意译:正月、四月、七月、十月戊日、己日凶。

原文:

注音:su^{3} mi^{6} sən^{2} hət^{7} mbe^{1}

直译:丑 未 辰 戌 年

意译:丑年、未年、辰年、戌年。

原文:

注音:ȵi^{6} ŋo^{4} pa:t^{7} sup^{8}ʔjət^{7} tjeŋ^{1} pjeŋ^{3} van^{1} ɕoŋ^{1}

直译:二 五 八 十一 丁 丙 日 凶

意译:二月、五月、八月、十一月丁日、丙日凶。

原文:

注音:ji^{2} sən^{1} ɕi^{4} ʁa:i^{3} mbe^{1}

直译:寅 申 巳 亥 年

意译:寅年、申年、巳年、亥年。

原文:

注音:ha:m^{1} ljok^{8} ȶu^{3} sup^{8}ȵi^{6} ȵum^{2} ȶui^{5} van^{1} ɕoŋ^{1}

直译:三 六 九 十二 壬 癸 日 凶

意译:三月、六月、九月、十二月壬日、癸日凶。

原文:

注音:tsjeŋ^{1} ɕi^{5} ɕət^{7} sup^{8} njen^{2} ȵi^{6} sup^{8} ȶu^{3} ȶi^{1} ʁa:i^{3} ȶi^{1} mi^{6} van

直译:正 四 七 十 月 二 十 九 己 亥 己 未 日

意译:正月、四月、七月、十月第二十九日为己亥日、己未日凶。

原文：[illegible]

注音：ȵi^{5} ŋo^{4} pa:t^{7} sup^{8}ʔjət^{7} ȵi^{6} sup^{8} ljok^{8} ȶa:p^{7} sən^{2} ȶi^{1} ma:u^{4} van^{1}

直译：二 五 八 十一 二 十 六 甲 辰 己 卯 日

意译：二月、五月、八月、十一月第二十六日为甲辰日、己卯日。

原文：[illegible]

注音：ha:m^{1} ljok^{8} ȶu^{3} sup^{8}ȵi^{6} ȵi^{6} sup^{8} ɕi^{5} ȶi^{1} su^{3} van^{1} ɕoŋ^{1}

直译：三 六 九 十二 二 十 四 己 丑 日 凶

意译：三月、六月、九月、十二月第二十四日为己丑日，凶。

篇章意译

申年、子年、辰年庚日、丙日凶。

巳年、酉年、丑年己日、辛日凶。

寅年、午年、戌年甲日、戊日凶。

亥年、卯年、未年壬日、癸日凶。

子年、午年、卯年、酉年，正月、四月、七月、十月戊日、己日凶。

丑年、未年、辰年、戌年，二月、五月、八月、十一月丙日、丁日凶。

寅年、申年、巳年、亥年，三月、六月、九月、十二月壬日、癸日凶。

正月、四月、七月、十月第二十九日为己亥日、己未日凶，二月、五月、八月、十一月第二十六日为甲辰日、己卯日凶，三月、六月、九月十二月第二十四日为己丑日凶。

说明

殿敢挤，水语音译，意为立房子应避忌之日，立房要避开这些日子。

万花(三)

原文：

注音：ji^{2} sən^{1} ɕi^{4} ʁa:i^{3} njen^{2}

直译：寅 申 巳 亥 月

意译：寅月、申月、巳月、亥月。

原文：

注音：ʔjit^{7} su^{3} ȶa:p^{7} hət^{7} ȶui^{5} mi^{6} van^{1}

直译：乙 丑 甲 戌 癸 未 日

意译：乙丑日、甲戌日、癸未日凶。

原文：

注音：ȵum^{2} sən^{2} ɕən^{1} su^{3} qeŋ^{1} hət^{7} van^{1} ȶi^{1} mi^{6} van^{1} ɕoŋ^{1}

直译：壬 辰 辛 丑 庚 戌 日 己 未 日 凶

意译：壬辰日、辛丑日、庚戌日、己未日凶。

原文：

注音：hi^{3} ŋo^{2} ma:u^{4} ju^{4} njen^{2}

直译：子 午 卯 酉 月

意译：子月、午月、卯月、酉月。

原文：

注音：ȶa:p^{7} ŋo^{2} ȶui^{5} ju^{4} ȵum^{2} ŋo^{2}

直译：甲 午 癸 酉 壬 午

意译：甲午日、癸酉日、壬午日。

原文:

注音:ɕən^{1} ma:u^{4} qeŋ^{1} hi^{3} ʨi^{1} ju^{4} mu^{6} ŋo^{2} ɕoŋ^{1}

直译:辛 卯 庚 子 己 酉 戊 午 凶

意译:辛卯日、庚子日、己酉日、戊午日凶。

原文:

注音:su^{3} mi^{6} sən^{2} hət^{7} njen^{2}

直译:丑 未 辰 戌 月

意译:丑月、未月、辰月、戌月。

原文:

注音:ȵum^{2} sən^{1} ɕən^{1} ɕi^{4} qeŋ^{1} ji^{2} van^{1}

直译:壬 申 辛 巳 庚 寅 日

意译:壬申日、辛巳日、庚寅日。

原文:

注音:ʨi^{1} ʁa:i^{3} mu^{6} sən^{1} van^{1} tjeŋ^{1} ɕi^{4} van^{1} ɕoŋ^{1}

直译:己 亥 戊 申 日 丁 巳 日 凶

意译:己亥日、戊申日、丁巳日凶。

篇章意译

寅月、申月、巳月、亥月,乙丑日、甲戌日、癸未日、壬辰日、辛丑日、庚戌日、己未日凶。

子月、午月、卯月、酉月,甲午日、癸酉日、壬午日、辛卯日、庚子日、己酉日、戊午日凶。

丑月、未月、辰月、戌月,壬申日、辛巳日、庚寅日、己亥日、戊申日、丁巳日凶。

巴享时

原文:

注音:tsjeŋ^{1} ɕət^{7} tsi^{6} ɕi^{4} si^{2} ȵi^{6} pa:t^{7} tsi^{6} sən^{2} si^{2}

直译:正 七 忌 巳 时 二 八 忌 辰 时

意译:正月、七月忌巳时,二月、八月忌辰时。

原文:

注音:ha:m^{1} ʈu^{3} tsi^{6} ma:u^{4} si^{2} ɕi^{5} sup^{8} tsi^{6} ji^{2} si^{2}

直译:三 九 忌 卯 时 四 十 忌 寅 时

意译:三月、九月忌寅时、卯时,四月、十月忌寅时。

原文:

注音:ŋo^{4} sup^{8}ʔjət^{7} tsi^{6} su^{3} si^{2} ljok^{8} sup^{8}ȵi^{6} tsi^{6} hi^{3} ŋo^{2} si^{2} ɕoŋ^{1}

直译:五 十一 忌 丑 时 六 十二 忌 子 午 时 凶

意译:五月、十一月忌丑时,六月、十二月忌子时、午时。

篇章意译

正月、七月忌巳时,二月、八月忌辰时。

三月、九月忌寅时、卯时,四月、十月忌寅时。

五月、十一月忌丑时,六月、十二月忌子时、午时。

说明

巴享是导致破败的凶神,起房忌用巴享时。

告采时

原文:

注音:tsjeŋ1 ʔjit7 ɕi4 sən1 ji2 si2

直译:甲 乙 巳 申 寅 时

意译:甲日、乙日巳时、申时、寅时凶。

原文:

注音:pjeŋ3 tjeŋ1 hət7 ŋo2 mi6 si2

直译:丙 丁 戌 午 未 时

意译:丙日、丁日戌时、午时、未时凶。

原文:

注音:qeŋ1 ɕən1 sən1 ju4 si2 mu6 ȶui5 su3 sən2 si2

直译:庚 辛 申 酉 时 戊 癸 丑 辰 时

意译:庚日、辛日申时、酉时,戊日、癸日丑时、辰时凶。

原文:

注音:ȵum2 ȶui5 hət7 ʁa:i3 si2

直译:壬 癸 戌 亥 时

意译:壬日、癸日戌时、亥时凶。

篇章意译

甲日、乙日巳时、申时、寅时,丙日、丁日戌时、午时、未时,庚日、辛日申时、酉时,戊日、癸日丑时、辰时,壬日、癸日戌时、亥时,以上时辰为告采时,凶。

说明

告采,水语书条目名称,是导致人眷恋故地而不愿前行的凶神,建房忌用告采时。

金可(一)

原文:

注音:sən^{1} hi^{3} sən^{2} mbe^{1}

直译:申 子 辰 年

意译:申年、子年、辰年。

原文:

注音:ʔjit^{7} ɕən^{1} ʁa:i^{3} tjeŋ^{1} ʔjit^{7} ʁa:i^{3} tjeŋ^{1} ma:u^{4} van^{1} ɕoŋ^{1}

直译:乙 辛 亥 丁 乙 亥 丁 卯 日 凶

意译:乙亥日、辛亥日、丁亥日、丁卯日凶。

原文:

注音:ɕi^{4} ju^{4} su^{3} mbe^{1}

直译:巳 酉 丑 年

意译:巳年、酉年、丑年。

原文:

注音:qeŋ^{1} ʈui^{5} pjeŋ^{3} van^{1} pjeŋ^{3} sən^{2} ʈui^{5} ma:u^{4} van^{1} ɕoŋ^{1}

直译:庚 癸 丙 日 丙 辰 癸 卯 日 凶

意译:庚日、癸日、丙日、丙辰日、癸卯日凶。

原文:

注音:ji^{2} ŋo^{2} hət^{7} mbe^{1}

直译:寅 午 戌 年

意译:寅年、午年、戌年。

原文:

注音:tjeŋ^{1} ȵum^{2} mu^{6} van^{1} tjeŋ^{1} su^{3} mu^{6} ŋo^{2} van^{1} ɕoŋ^{1}

直译:丁 壬 戊 日 丁 丑 戊 午 日 凶

意译:丁日、壬日、戊日、丁丑日、戊午日凶。

原文:

注音:ʁaːi^{3} maːu^{4} mi^{6} mbe^{1} tjeŋ^{1} ʈui^{5} ʁaːi^{3} maːu^{4} van^{1} ɕoŋ^{1}

直译:亥 卯 未 年 丁 癸 亥 卯 日 凶

意译:亥年、卯年、未年丁亥日、癸亥日、丁卯日、癸卯日凶。

篇章意译

申年、子年、辰年乙亥日、辛亥日、丁亥日、丁卯日凶。巳年、酉年、丑年庚日、癸日、丙日、丙辰日、癸卯日凶。寅年、午年、戌年丁日、壬日、戊日、丁丑日、戊午日凶。亥年、卯年、未年丁亥日、癸亥日、丁卯日、癸卯日凶。

说明

金可是招致人落魂魄的凶神,金可时不能建房。

万整孔(二)

原文:

注音:ȶa:p7 hi3 van1 ɕoŋ1

直译:甲 子 日 凶

意译:甲子日凶。

原文:

注音:ʔjit7 su3 pjeŋ3 ji2 tjeŋ1 ma:u4 ȶət7 mu6 sən2 van1 ȶət7

直译:乙 丑 丙 寅 丁 卯 吉 戊 辰 日 吉

意译:乙丑日、丙寅日、丁卯日、戊辰日吉。

原文:

注音:ȶi1 ɕi4 van1 ɕoŋ1 qeŋ1 ŋo2 van1 ha:i2

直译:己 巳 日 凶 庚 午 日 棺

意译:己巳日、庚午日凶。

原文:

注音:ɕən1 mi6 ȵum2 sən1 ȶui5 ju4 van1 ȶət7

直译:辛 未 壬 申 癸 酉 日 吉

意译:辛未日、壬申日、癸酉日吉。

原文:

注音:ȶa:p7 hət7 van1 ha:i2 ʔjit7 ʁa:i3 van1 ɕoŋ1

直译:甲 戌 日 棺 乙 亥 日 凶

意译:甲戌日、乙亥日凶。

原文:

注音:pjeŋ^{3} hi^{3} tjeŋ^{1} su^{3} ȶət^{7} mu^{6} ji^{2} van^{1} ȶət^{7} ȶi^{1} ju^{4} van^{1} ɕoŋ^{1}

直译:丙 子 丁 丑 吉 戊 寅 日 吉 己 酉 日 凶

意译:丙子日、丁丑日、戊寅日吉,己酉日凶。

原文:

注音:qeŋ^{1} sən^{2} van^{1} ȶət^{7} ɕən^{1} ɕi^{4} ȵum^{2} ŋo^{2} ȶui^{5} mi^{6} van^{1} ȶət^{7}

直译:庚 辰 日 吉 辛 巳 壬 午 癸 未 日 吉

意译:庚辰日、辛巳日、壬午日、癸未日吉。

原文:

注音:ȶa:p^{7} sən^{1} ha:i^{2} ʔjit^{7} ju^{4} pjeŋ^{3} hət^{7} tjeŋ^{1} ʁa:i^{3} van^{1} ȶət^{7}

直译:甲 申 棺 乙 酉 丙 戌 丁 亥 日 吉

意译:甲申日凶,乙酉日、丙戌日、丁亥日吉。

原文:

注音:mu^{6} hi^{3} ȶi^{1} su^{3} van^{1} ha:i^{2}

直译:戊 子 己 丑 日 棺

意译:戊子日、己丑日凶。

原文:

注音:qeŋ^{1} ji^{2} ȶət^{7} ɕən^{1} ma:u^{4} ha:i^{2} ȵum^{2} sən^{2} ȶət^{7} ȶui^{5} ɕi^{4} van^{1} ha:i^{2}

直译:庚 寅 吉 辛 卯 棺 壬 辰 吉 癸 巳 日 棺

意译:庚寅日吉,辛卯日凶,壬辰日吉,癸巳日凶。

原文:

注音:ȶa:p^{7} ŋo^{2} van^{1} ha:i^{2} ʔjit^{7} mi^{6} van^{1} ȶət^{7}

直译:甲 午 日 棺 乙 未 日 吉

意译:甲午日凶,乙未日吉。

原文:

注音:pjeŋ^3 sən^1 van^1 ha:i^2 tjeŋ^1 ju^4 van^1 ha:i^2

直译:丙 申 日 棺 丁 酉 日 棺

意译:丙申日、丁酉日凶。

原文:

注音:mu^6 hət^7 ȶi^1 ʁa:i^3 van^1 ȶət^7 qeŋ^1 hi^3 van^1 ȶət^7 ɕən^1 su^3 van^1 ȶət^7

直译:戊 戌 己 亥 日 吉 庚 子 日 吉 辛 丑 日 吉

意译:戊戌日、己亥日、庚子日、辛丑日吉。

原文:

注音:ȵum^2 ji^2 ȶui^5 ma:u^4 ȶət^7

直译:壬 寅 癸 卯 吉

意译:壬寅日、癸卯日吉。

原文:

注音:ȶa:p^7 sən^2 van^1 ɕoŋ^1 ʔjit^7 ɕi^4 pjeŋ^3 ŋo^2 tjeŋ^1 mi^6 van^1 ȶət^7

直译:甲 辰 日 凶 乙 巳 丙 午 丁 未 日 吉

意译:甲辰日凶,乙巳日、丙午日、丁未日吉。

原文:

注音:mu^6 sən^1 ȶi^1 ju^4 van^1 ha:i^2 qeŋ^1 hət^7 ɕən^1 ʁa:i^3 ȶət^7

直译:戊 申 己 酉 日 棺 庚 戌 辛 亥 吉

意译:戊申日、己酉日凶,庚戌日、辛亥日吉。

原文:

注音:ȵum^2 hi^3 van^1 ȶət^7 ȶui^5 su^3 van^1 ha:i^2

直译:壬 子 日 吉 癸 丑 日 棺

意译:壬子日吉,癸丑日凶。

原文：

注音：ȶa:p^{7} ji^{2} ʔjit^{7} ma:u^{4} ȶət^{7} pjeŋ^{3} sən^{2} van^{1} ha:i^{2}

直译：甲 寅 乙 卯 吉 丙 辰 日 棺

意译：甲寅日、乙卯日吉，丙辰日凶。

原文：

注音：tjeŋ^{1} ɕi^{4} van^{1} ȶət^{7} mu^{6} ŋo^{2} van^{1} ȶi^{1} mi^{6} van^{1} ha:i^{2}

直译：丁 巳 日 吉 戊 午 日 己 未 日 棺

意译：丁巳日吉，戊午日、己未日凶。

原文：

注音：ȵum^{2} hət^{7} van^{1} ɕoŋ^{1} ȶui^{5} ʁa:i^{3} van^{1} ha:i^{2}

直译：壬 戌 日 凶 癸 亥 日 棺

意译：壬戌日、癸亥日凶。

篇章意译

甲子日凶，乙丑日、丙寅日、丁卯日、戊辰日吉，己巳日、庚午日凶，辛未日、壬申日、癸酉日吉。甲戌日、乙亥日凶，丙子日、丁丑日、戊寅日吉，己酉日凶，庚辰日、辛巳日、壬午日、癸未日吉。甲申日凶，乙酉日、丙戌日、丁亥日吉，戊子日、己丑日凶，庚寅日吉，辛卯日凶，壬辰日吉，癸巳日凶。甲午日凶，乙未日吉，丙申日、丁酉日凶，戊戌日、己亥日、庚子日、辛丑日、壬寅日、癸卯日吉。甲辰日凶，乙巳日、丙午日、丁未日吉，戊申日、己酉日凶，庚午日、辛亥日吉，壬子日吉，癸丑日凶。甲寅日、乙卯日吉，丙辰日凶，丁巳日吉，戊午日、己未日凶。壬戌日、癸亥日凶。

说明

以上为挖圈吉凶日，用于挖圈择吉用。

花里

原文:

注音:hi^{3} ŋo^{2} ma:u^{4} ju^{4} mbe^{1} ha:m^{1} ljok^{8} ȶu^{3} sup^{8}ȵi^{6} qeŋ^{1} hi^{3} van^{1}

直译:子 午 卯 酉 年 三 六 九 十二 庚 子 日

意译:子年、午年、卯年、酉年三月、六月、九月、十二月庚子日。

原文:

注音:ȶi^{1} ju^{4} mu^{6} ŋo^{2} tha:m^{1} ȵum^{2} sən^{1} fu^{4} ɕoŋ^{1}

直译:己 酉 戊 午 贪 壬 申 辅 凶

意译:己酉日、戊午日逢贪星,壬申日逢辅星凶。

原文:

注音:ti^{6} ȵi^{6} ljok^{8} pho^{5} ȶa:p^{7} hi^{3} van^{1} ɕən^{1} mi^{6}

直译:第 二 禄 破 甲 子 日 辛 未

意译:第二元逢禄星、破星的甲子日、辛未日。

原文:

注音:ljem^{2} ɕoŋ^{1} ȶa:p^{7} hi^{3} ȶui^{5} ju^{4} ȵum^{2} ŋo^{2} van^{1} ɕoŋ^{1}

直译:廉 凶 甲 子 癸 酉 壬 午 日 凶

意译:逢廉星凶,甲子日、癸酉日、壬午日凶。

原文:

注音:su^{3} mi^{6} sən^{2} hət^{7} mbe^{1} ȵum^{2} sən^{1} ɕən^{1} ɕi^{4} qeŋ^{1} ji^{2}

直译:丑 未 辰 戌 年 壬 申 辛 巳 庚 寅

意译:丑年、未年、辰年、戌年壬申日、辛巳日、庚寅日。

原文:

注音:ȶi^{1} ʁa:i^{3} mu^{6} hi^{3} van^{1} ti^{6} ʔjət^{7} ɕi^{5} ȶa:p^{7} hi^{3} van^{1}

直译:己 亥 戊 子 日 第 一 四 甲 子 日

意译:己亥日、戊子日凶,第一元、第四元甲子日。

原文:

注音:tsjeŋ^{1} ɕi^{5} ɕət^{7} sup^{8} ȶu^{2} fa^{3} ɕoŋ^{1}

直译:正 四 七 十 巨 火 凶

意译:正月、四月、七月、十月逢巨星,属火凶。

原文:

注音:ji^{2} sən^{1} ɕi^{4} ʁa:i^{3} mbe^{1} ȵi^{6} ŋo^{4} pa:t^{7} sup^{8}ʔjət^{7}

直译:寅 申 巳 亥 年 二 五 八 十一

意译:寅年、申年、巳年、亥年二月、五月、八月、十一月。

原文:

注音:ɕən^{1} su^{3} van^{1} qeŋ^{1} hət^{7} van^{1} ȶi^{1} mi^{6} van^{1} ȶu^{2} ɕoŋ^{1}

直译:辛 丑 日 庚 戌 日 己 未 日 巨 凶

意译:辛丑日、庚戌日、己未日逢巨星凶。

原文:

注音:ti^{6} ha:m^{1} ŋo^{4} ȶa:p^{7} hi^{3} fan^{2} van^{1}

直译:第 三 五 甲 子 文 日

意译:第三元、第五元甲子日逢文星。

原文:

注音:ȵum^{2} sən^{1} van^{1} ljok^{8} ʔjit^{7} su^{3} ȶa:p^{7} hət^{7} van^{1} ȶu^{2}

直译:壬 申 日 禄 乙 丑 甲 戌 日 巨

意译:壬申日逢禄星,乙丑日、甲戌日逢巨星。

原文:

注音:ʈui^{5} mi^{6} van^{1} ʈu^{2} ȵum^{2} sən^{2} van^{1} ʈu^{2} ɕoŋ^{1}

直译:癸 未 日 巨 壬 辰 日 巨 凶

意译:癸未日、壬辰日逢巨星,凶。

篇章意译

子年、午年、卯年、酉年三月、六月、九月、十二月庚子日、己酉日、戊午日逢贪星,壬申日逢辅星,凶。第二元逢禄星、破星的甲子日、辛未日,逢廉星凶,甲子日、癸酉日、壬午日凶。

丑年、未年、辰年、戌年壬申日、辛巳日、庚寅日、己亥日、戊子日,第一元、第四元甲子日,正月、四月、七月、十月逢巨星,属火凶。

寅年、申年、巳年、亥年二月、五月、八月、十一月,辛丑日、庚戌日、己未日逢巨星,凶。第三元、第五元甲子日逢文星,壬申日逢禄星,乙丑日、甲戌日逢巨星,癸未日、壬辰日逢巨星,凶。

金可(二)

原文:
注音:sən1 hi3 sən2 mbe1 tsjeŋ1 ŋo4 ȶu3 tsi6 ʔjit7 ɕən1 tjeŋ1 van1
直译:申 子 辰 年 正 五 九 忌 乙 辛 丁 日
意译:申年、子年、辰年正月、五月、九月忌乙日、辛日、丁日。

原文:
注音:ti6 ȵi5 ʔjit7 ʁa:i3 ɕən1 ʁa:i3 tjeŋ1 ʁa:i3 van1 qeŋ1 hi3 van1
直译:第 二 乙 亥 辛 亥 丁 亥 日 庚 子 日
意译:第二元乙亥日、辛亥日、丁亥日、庚子日凶。

原文:
注音:ti6 ɕət7 ʔjit7 mi6 ʔjit7 su3 tjeŋ1 su3 van1 ɕoŋ1
直译:第 七 乙 未 乙 丑 丁 丑 日 凶
意译:第七元乙未日、乙丑日、丁丑日凶。

原文:
注音:ɕi4 ju4 su3 mbe1 ȵi6 sup8 ljok8 tsi6 pjeŋ3 qeŋ1 ȶui5 van1
直译:巳 酉 丑 年 二 十 六 忌 丙 庚 癸 日
意译:巳年、酉年、丑年二月、六月、十月忌丙日、庚日、癸日。

原文:
注音:ti6 ʔjət7 pjeŋ3 sən2 hət7 ɕoŋ1
直译:第 一 丙 辰 戌 凶
意译:第一元丙辰日、丙戌日凶。

原文:

注音:ti^{6} ŋo^{4} ʈui^{5} ɕi^{4} ʈui^{5} su^{3} ʈui^{5} mi^{6} van^{1} ɕoŋ^{1}

直译:第 五 癸 巳 癸 丑 癸 未 日 凶

意译:第五元癸巳日、癸丑日、癸未日凶。

原文:

注音:ti^{6} ljok^{8} qeŋ^{1} ji^{2} qeŋ^{1} sən^{1} van^{1} ma:u^{4} fa:ŋ^{1} ʈum^{1}

直译:第 六 庚 寅 庚 申 日 卯 方 金

意译:第六元庚寅日、庚申日卯方为金可,凶。

原文:

注音:ji^{2} ŋo^{2} hət^{7} mbe^{1} ha:m^{1} ɕət^{7} sup^{8}ʔjət^{7}

直译:寅 午 戌 年 三 七 十一

意译:寅年、午年、戌年三月、七月、十一月。

原文:

注音:tsi^{6} tjeŋ^{1} ȵum^{2} ʈui^{5} van^{1} mu^{6} van^{1}

直译:忌 丁 壬 癸 日 戊 日

意译:忌丁日、壬日、癸日、戊日。

原文:

注音:ti^{6} ʔjət^{7} mu^{6} sən^{2} van^{1} mu^{6} sən^{1} van^{1} ɕoŋ^{1}

直译:第 一 戊 辰 日 戊 申 日 凶

意译:第一元戊辰日、戊申日凶。

原文:

注音:ti^{6} ŋo^{4} tjeŋ^{1} su^{3} van^{1} tjeŋ^{1} ɕi^{4} van^{1} tjeŋ^{1} ma:u^{4} van^{1} ɕoŋ^{1}

直译:第 五 丁 丑 日 丁 巳 日 丁 卯 日 凶

意译:第五元丁丑日、丁巳日、丁卯日凶。

原文:
注音:ti^{6} ljok^{8} ȵum^{2} sən^{2} van^{1} ȵum^{2} hi^{3} van^{1} mu^{6} ŋo^{2} van^{1}
直译:第 六 壬 辰 日 壬 子 日 戊 午 日
意译:第六元壬辰日、壬子日、戊午日。

原文:
注音:ʨi^{1} ɕi^{4} van^{1} ʨum^{1} ɕoŋ^{1}
直译:己 巳 日 金 凶
意译:己巳日为金可,凶。

原文:
注音:ʁa:i^{3} ma:u^{4} mi^{6} mbe^{1} ɕi^{5} pa:t^{7} sup^{8}ȵi^{6} tsi^{6} tjeŋ^{1} ʨui^{5} qeŋ^{1} van^{1}
直译:亥 卯 未 年 四 八 十二 忌 丁 癸 庚 日
意译:亥年、卯年、未年四月、八月、十二月忌丁日、癸日、庚日。

原文:
注音:ti^{6} ȵi^{6} qeŋ^{1} ŋo^{2} van tjeŋ^{1} ma:u^{4} van^{1} ɕoŋ^{1}
直译:第 二 庚 午 日 丁 卯 日 凶
意译:第二元庚午日、丁卯日凶。

原文:
注音:ti^{6} ha:m^{1} ʨui^{5} ma:u^{4} tjeŋ^{1} ʁa:i^{3} tjeŋ^{1} su^{3} van^{1} ɕoŋ^{1}
直译:第 三 癸 卯 丁 亥 丁 丑 日 凶
意译:第三元癸卯日、丁亥日、丁丑日凶。

原文:
注音:ʔjit^{7} mi^{6} van^{1} tjeŋ^{1} mi^{6} van^{1} fa:ŋ^{1} si^{2} ʨum^{1} ɕoŋ^{1}
直译:乙 未 日 丁 未 日 方 时 金 凶
意译:乙未日、丁未日乙未方乙未时、丁未方丁未时为金可,凶。

篇章意译

申年、子年、辰年正月、五月、九月忌乙日、辛日、丁日，第二元乙亥日、辛亥日、丁亥日、庚子日凶，第七元乙未日、乙丑日、丁丑日为凶。

巳年、酉年、丑年二月、六月、十月忌丙日、庚日、癸日，第一元丙辰日、丙戌日凶，第五元癸巳日、癸丑日、癸未日凶，第六元庚寅日、庚申日卯方为金可，凶。

寅年、午年、戌年三月、七月、十一月忌丁日、壬日、癸日、戊日，第一元戊辰日、戊申日凶，第五元丁丑日、丁巳日、丁卯日凶，第六元壬辰日、壬子日、戊午日、己巳日为金可，凶。

亥年、卯年、未年四月、八月、十二月忌丁日、癸日、庚日，第二元庚午日、丁卯日凶，第三元癸卯日、丁亥日、丁丑日凶，乙未日、丁未日乙未方乙未时、丁未方丁未时为金可，凶。

说明

金可，水书条目名称，是招致人落魂魄的凶神，金可时不能用于建房。

殿敢挤(二)

原文:

注音:hi^{3} ŋo^{2} ma:u^{4} ju^{4} ʈa:p^{7} sən^{2} sən^{2} ʈa:p^{7} sən^{2} van^{1} ɕoŋ^{1}

直译:子 午 卯 酉 甲 辰 辰 甲 辰 日 凶

意译:子年、午年、卯年、酉年甲辰日凶。

原文:

注音:su^{3} mi^{6} sən^{2} hət^{7} hət^{7} ʈa:p^{7} hət^{7} van^{1} ɕoŋ^{1}

直译:丑 未 辰 戌 戌 甲 戌 日 凶

意译:丑年、未年、辰年、戌年甲戌日凶。

原文:

注音:ji^{2} sən^{1} ɕi^{4} ʁa:i^{3} ʈui^{5} ɕi^{4} tjeŋ^{1} ɕi^{4} van^{1}

直译:寅 申 巳 亥 癸 巳 丁 巳 日

意译:寅年、申年、巳年、亥年癸巳日、丁巳日凶。

篇章意译

子年、午年、卯年、酉年甲辰日凶。
丑年、未年、辰年、戌年甲戌日凶。
寅年、申年、巳年、亥年癸巳日、丁巳日。

宁乐日

原文:

注音:sən^{1} ha:m^{1} njen^{2} ɕi^{4} si^{2} ȶət^{7} ja^{3} ha:m^{1} njen^{2} ma:u^{4} si^{2} ȶət^{7}

直译:春 三 月 巳 时 吉 夏 三 月 卯 时 吉

意译:春季三月巳时吉,夏季三月卯时吉。

原文:

注音:ɕu^{1} ha:m^{1} njen^{2} ɕi^{4} si^{2} ȶət^{7} toŋ^{1} ha:m^{1} njen^{2} ma:u^{4} si^{2} ȶət^{7}

直译:秋 三 月 巳 时 吉 冬 三 月 卯 时 吉

意译:秋季三月巳时吉,冬季三月卯时吉。

原文:

注音:sən^{1} hi^{3} sən^{2} mbe^{1} ju^{4} van^{1} fa:ŋ^{1} ȶət^{7}

直译:申 子 辰 年 酉 日 方 吉

意译:申年、子年、辰年、酉日酉方吉。

原文:

注音:ɕi^{4} ju^{4} su^{3} mbe^{1} ŋo^{2} van^{1} fa:ŋ^{1} ȶət^{7}

直译:巳 酉 丑 年 午 日 方 吉

意译:巳年、酉年、丑年午日午方吉。

原文:

注音:ji^{2} ŋo^{2} hət^{7} mbe^{1} ʁa:i^{3} van^{1} fa:ŋ^{1} ȶət^{7}

直译:寅 午 戌 年 亥 日 方 吉

意译:寅年、午年、戌年亥日亥方吉。

原文:

注音:ʁa:i^{3} ma:u^{4} mi^{6} mbe^{1} ɕi^{4} van^{1} fa:ŋ^{1} ʈət^{7}

直译:亥 卯 未 年 巳 日 方 吉

意译:亥年、卯年、未年巳日巳方吉。

原文:

注音:hi^{3} ŋo^{2} ma:u^{4} ju^{4} mbe^{1} ti^{6} ʔjət^{7} tjeŋ^{1} ju^{4} van^{1} fa:ŋ^{1} si^{2}

直译:子 午 卯 酉 年 第 一 丁 酉 日 方 时

意译:子年、午年、卯年、酉年第一元丁酉日丁酉方丁酉时吉。

原文:

注音:ti^{6} ɕət^{7} ʈui^{5} ju^{4} van^{1} fa:ŋ^{1} si^{2}

直译:第 七 癸 酉 日 方 时

意译:第七元癸酉日癸酉方癸酉时吉。

原文:

注音:su^{3} mi^{6} sən^{2} hət^{7} mbe^{1} ti^{6} ȵi^{6} ʔjit^{7} su^{3} van^{1} fa:ŋ^{1} ʈət^{7}

直译:丑 未 辰 戌 年 第 二 乙 丑 日 方 吉

意译:丑年、未年、辰年、戌年第二元乙丑日、乙丑方吉。

原文:

注音:ti^{6} ha:m^{1} ʈi^{1} su^{3} van^{1} fa:ŋ^{1} si^{2} ti^{6} ljok^{8} tjeŋ^{1} su^{3} van^{1} fa:ŋ^{1} si^{2}

直译:第 三 己 丑 日 方 时 第 六 丁 丑 日 方 时

意译:第三元己丑日己丑方己丑时、第六元丁丑日丁丑方丁丑时。

原文:

注音:ji^{2} sən^{1} ɕi^{4} ʁa:i^{3} mbe^{1} ti^{6} ʔjət^{7} ʈi^{1} ɕi^{4} van^{1} fa:ŋ^{1} si^{2}

直译:寅 申 巳 亥 年 第 一 己 巳 日 方 时

意译:寅年、申年、巳年、亥年第一元己巳日己巳方己巳时吉。

原文:

注音:ti^{6} ȵi^{6} ȶui^{5} ɕi^{4} van^{1} fa:ŋ^{1} si^{2} ti^{6} ŋo^{4} ɕən^{1} ɕi^{4} van^{1} fa:ŋ^{1} si^{2}

直译:第 二 癸 巳 日 方 时 第 五 辛 巳 日 方 时

意译:第二元癸巳日癸巳方癸巳时、第五元辛巳日辛巳方辛巳时。

原文:

注音:sən^{1} hi^{3} sən^{2} mbe^{1} ju^{4} van^{1} fa:ŋ^{1} ȶət^{7}

直译:申 子 辰 年 酉 日 方 吉

意译:申年、子年、辰年酉日酉方吉。

篇章意译

春季三月巳时吉,夏季三月卯时吉,秋季三月巳时吉,冬季三月卯时吉。

申年、子年、辰年酉日酉方吉,巳年、酉年、丑年午日午方吉,寅年、午年、戌年亥日亥方吉,亥年、卯年、未年巳日巳方吉。

子年、午年、卯年、酉年第一元丁酉日丁酉方丁酉时,第七元癸酉日癸酉方癸酉时吉。

丑年、未年、辰年、戌年第二元乙丑日乙丑方吉,第二元己丑日己丑方己丑时、第六元丁丑日丁丑方丁丑时吉。

寅年、申年、巳年、亥年第一元己巳日己巳方己巳时,第二元癸巳日癸巳方癸巳时、第五元辛巳日辛巳方辛巳时吉,申年、子年、辰年酉日酉方吉。

说明

宁乐日为水书建造吉日,水书先生认为用此日造房后代以后会兴旺发达。

天烟

原文：

注音：sən^{1} hi^{3} sən^{2} tsjeŋ^{1} ŋo^{4} ʨu^{3} ɕən^{1} su^{3} qeŋ^{1} ji^{2} van^{1} ʨət^{7}

直译：申 子 辰 正 五 九 辛 丑 庚 寅 日 吉

意译：申年、子年、辰年正月、五月、九月辛丑日、庚寅日吉。

原文：

注音：ɕi^{4} ju^{4} su^{3} ȵi^{6} ljok^{8} sup^{8} ʔjit^{7} ʁa:i^{3} pjeŋ^{3} hət^{7} van^{1} ʨət^{7}

直译：巳 酉 丑 二 六 十 乙 亥 丙 戌 日 吉

意译：巳年、酉年、丑年二月、六月、十月乙亥日、丙戌日吉。

原文：

注音：ji^{2} ŋo^{2} hət^{7} mbe^{1} ha:m^{1} ɕət^{7} sup^{8}ʔjət^{7}

直译：寅 午 戌 年 三 七 十一

意译：寅年、午年、戌年三月、七月、十一月。

原文：

注音：ȵum^{2} sən^{1} ʨi^{1} mi^{6} van^{1} ʨət^{7}

直译：壬 申 己 未 日 吉

意译：壬申日、己未日吉。

原文：

注音：ʁa:i^{3} ma:u^{4} mi^{6} mbe^{1} ɕi^{5} pa:t^{7} sup^{8}ȵi^{6}

直译：亥 卯 未 年 四 八 十二

意译：亥年、卯年、未年四月、八月、十二月。

原文：[水书字]

注音：pjeŋ[3] sən[2] van[1] tjeŋ[1] ɕi[4] van[1] ʈət[7]

直译：丙 辰 日 丁 巳 日 吉

意译：丙辰日、丁巳日吉。

篇章意译

申年、子年、辰年正月、五月、九月辛丑日、庚寅日吉。
巳年、酉年、丑年二月、六月、十月乙亥日、丙戌日吉。
寅年、午年、戌年三月、七月、十一月壬申日、己未日吉。
亥年、卯年、未年四月、八月、十二月丙辰日、丁巳日吉。

说明

天烟为起造吉日，用此日起造房子较吉。

九高

原文:

注音:hi^{3} ŋo^{2} ma:u^{4} ju^{4} mbe^{1} ȶui^{5} ʁa:i^{3} van^{1} ȵum^{2} ŋo^{2} van^{1} ȶu^{3}

直译:子 午 卯 酉 年 癸 亥 日 壬 午 日 九

意译:子年、午年、卯年、酉年癸亥日、壬午日为九高日。

原文:

注音:su^{3} mi^{6} sən^{2} hət^{7} mbe^{1} qeŋ^{1} sən^{2} van^{1} ȶi^{1} su^{3} ȶa:p^{7} ŋo^{2} van^{1} ȶu^{3}

直译:丑 未 辰 戌 年 庚 辰 日 己 丑 甲 午 日 九

意译:丑年、未年、辰年、戌年庚辰日、己丑日、甲午日为九高日。

原文:

注音:ji^{2} sən^{1} ɕi^{4} ʁa:i^{3} mbe^{1} ɕən^{1} su^{3} van^{1} qeŋ^{1} ji^{2} van^{1} ȶu^{3}

直译:寅 申 巳 亥 年 辛 丑 日 庚 寅 日 九

意译:寅年、申年、巳年、亥年辛丑日、庚寅日为九高日。

篇章意译

子年、午年、卯年、酉年癸亥日、壬午日为九高日。

丑年、未年、辰年、戌年庚辰日、己丑日、甲午日为九高日。

寅年、申年、巳年、亥年辛丑日、庚寅日为九高日。

说明

九高是水书一个吉祥条目,用九高日建造房子会兴旺发达、子孙满堂。

万离裸(一)

原文：

注音：ȶa:p^{7}　ʔjit^{7}　mbe^{1}　ji^{2}　fa:ŋ^{1}　si^{2}

直译：甲　乙　年　寅　方　时

意译：甲年、乙年寅方寅时吉。

原文：

注音：ti^{6}　ʔjət^{7}　ȶa:p^{7}　ji^{2}　ȶi^{1}　ʁa:i^{3}　van^{1}　ti^{6}　ȵi^{6}　ȶi^{1}　ma:u^{4}　van^{1}　ȶət^{7}

直译：第　一　甲　寅　己　亥　日　第　二　己　卯　日　吉

意译：第一元甲寅日、己亥日，第二元己卯日吉。

原义：

注音：ti^{6}　ha:m^{1}　ȶi^{1}　ma:u^{4}　van^{1}　ti^{6}　ɕi^{5}　ȶa:p^{7}　hət^{7}　van^{1}　ȶət^{7}

直译：第　三　己　卯　日　第　四　甲　戌　日　吉

意译：第三元己卯日，第四元甲戌日吉。

原文：

注音：ti^{6}　ŋo^{4}　ȶi^{1}　ʁa:i^{3}　van^{1}　ti^{6}　ljok^{8}　qeŋ^{1}　ŋo^{2}　van^{1}　ȶət^{7}

直译：第　五　己　亥　日　第　六　庚　午　日　吉

意译：第五元己亥日、第六元庚午日吉。

原文：

注音：ti^{6}　ɕət^{7}　ȶi^{1}　mi^{6}　van^{1}　ȶət^{7}

直译：第　七　己　未　日　吉

意译：第七元己未日吉。

原文:

注音:pjeŋ^3 tjeŋ^1 mbe^1 hi^3 ŋo^2 van^1 su^3 ma:u^4 si^2 ʨət^7

直译:丙 丁 年 子 午 日 丑 卯 时 吉

意译:丙年、丁年子日、午日丑时、卯时吉。

原文:

注音:ti^6 ʔjət^7 tjeŋ^1 ma:u^4 van^1 ti^6 ȵi^6 tjeŋ^1 ʁa:i^3 ʨət^7

直译:第 一 丁 卯 日 第 二 丁 亥 吉

意译:第一元丁卯日、第二元丁亥日吉。

原文:

注音:ti^6 ha:m^1 tjeŋ^1 mi^6 van^1 tjeŋ^1 ʁa:i^3 van^1 ti^6 ɕi^5 tjeŋ^1 mi^6 van^1 ʨət^7

直译:第 三 丁 未 日 丁 亥 日 第 四 丁 未 日 吉

意译:第三元丁未日、丁亥日,第四元丁未日吉。

原文:

注音:mu^6 ʨi^1 mbe^1 ma:u^4 sən^2 van^1 si^2

直译:戊 己 年 卯 辰 日 时

意译:戊年、己年卯日卯时、辰日辰时吉。

原文:

注音:ti^6 ʔjət^7 ʔjit^7 mi^6 van^1 mu^6 sən^2 van^1 ʨət^7

直译:第 一 乙 未 日 戊 辰 日 吉

意译:第一元乙未日、戊辰日吉。

原文:

注音:ti^6 ha:m^1 mu^6 hi^3 van^1 ʨət^7 ti^6 ŋo^4 mu^6 sən^1 ȵum^2 sən^2 van^1 ʨət^7

直译:第 三 戊 子 日 吉 第 五 戊 申 壬 辰 日 吉

意译:第三元戊子日,第五元戊申日、壬辰日吉。

原文:

注音:ti^{6} ljok^{8} ʔjit^{7} mi^{6} ʔjit^{7} ʁa:i^{3} van^{1} ʈət^{7} ȵum^{2} sən^{2} van^{1} ʈət^{7}

直译:第 六 乙 未 乙 亥 日 吉 壬 辰 日 吉

意译:第六元乙未日、乙亥日、壬辰日吉。

原文:

注音:ti^{6} ɕət^{7} ȵum^{2} hi^{3} van^{1} ȵum^{2} ŋo^{2} van^{1} ʈət^{7}

直译:第 七 壬 子 日 壬 午 日 吉

意译:第七元壬子日、壬午日吉。

原文:

注音:qeŋ^{1} ɕən^{1} mbe^{1} pjeŋ^{3} ɕən^{1} van^{1} hi^{3} si^{2} ʈət^{7}

直译:庚 辛 年 丙 辛 日 子 时 吉

意译:庚年、辛年丙日、辛日子时吉。

原文:

注音:ti^{6} ʔjət^{7} tjeŋ^{1} ma:u^{4} van^{1} ʈət^{7} ti^{6} ȵi^{6} ɕən^{1} ma:u^{4} van^{1} ʈət^{7}

直译:第 一 丁 卯 日 吉 第 二 辛 卯 日 吉

意译:第一元丁卯日、第二元辛卯日。

原文:

注音: ti^{6} ha:m^{1} ɕən^{1} mi^{6} van^{1} ʈət^{7}

直译:第 三 辛 未 日 吉

意译:第三元辛未日吉。

原文:

注音:ti^{6} ɕi^{5} ɕən^{1} ʁa:i^{3} van^{1} ʈət^{7} ti^{6} ljok^{8} tjeŋ^{1} ʁa:i^{3} van^{1} ʈət^{7}

直译:第 四 辛 亥 日 吉 第 六 丁 亥 日 吉

意译:第四元辛亥日、第六元丁亥日吉。

原文:

注音:ȵum^{2} ȶui^{5} mbe^{1} ɕi^{4} ŋo^{2} van^{1} si^{2}

直译:壬 癸 年 巳 午 日 时

意译:壬年、癸年巳日、午日巳时、午时吉。

原文:

注音:ti^{6} ʔjət^{7} ȵum^{2} sən^{1} van^{1} ȶət^{7} ti^{6} ha:m^{1} ȵum^{2} sən^{2} van^{1} ȶət^{7}

直译:第 一 壬 申 日 吉 第 三 壬 辰 日 吉

意译:第一元壬申日、第三元壬辰日吉。

原文:

注音:ti^{6} ljok^{8} tjeŋ^{1} ʁa:i^{3} van^{1} ȶi^{1} ju^{4} van^{1} ȶət^{7}

直译:第 六 丁 亥 日 己 酉 日 吉

意译:第六元丁亥日、己酉日。

原文:

注音:ti^{6} ɕət^{7} ȵum^{2} hi^{3} van^{1} ȶət^{7}

直译:第 七 壬 子 日 吉

意译:第七元壬子日吉。

篇章意译

甲年、乙年寅方寅时吉,第一元甲寅日、己亥日,第二元己卯日吉,第三元己卯日、第四元甲戌日吉,第五元己亥日、第六元庚午日吉,第七元己未日吉。

丙年、丁年子日、午日丑时、卯时吉,第一元丁卯日、第二元丁亥日吉,第三元丁未日、丁亥日,第四元丁未日吉。

戊年、己年卯日卯时、辰日辰时吉,第一元乙未日、戊辰日吉,第三元戊子日,第五元戊申日、壬辰日吉,第六元乙未日、乙亥日、壬辰日吉，第七元壬子日、壬午日吉。

庚年、辛年丙日、辛日子时吉，第一元丁卯日、第二元辛卯日、第三元辛未日吉，第四元辛亥日、第六元丁亥日吉。

壬年、癸年巳日、午日巳时、午时吉，第一元壬申日、第三元壬辰日吉，第六元丁亥日、己酉日，第七元壬子日吉。

说明

万离裸，水语音译，意为修仓吉日，用这些日子修仓，鼠雀不至。

万离裸(二)

原文:

注音:hi^3 ŋo^2 mbe^1 ti^6 ʔjət^7 ɕən^1 ju^4 van^1 fa:ŋ^1 si^2 ʈət^7

直译:子 午 年 第 一 辛 酉 日 方 时 吉

意译:子年、午年第一元辛酉日辛酉方辛酉时吉。

原文:

注音:su^3 mi^6 mbe^1 ti^6 ljok^8 ʈui^5 ʔjit^7 tjeŋ^1 ma:u^4 van^1 fa:ŋ^1 si^2 ʈət^7

直译:丑 未 年 第 六 癸 乙 丁 卯 日 方 时 吉

意译:丑年、未年第六元癸卯日、乙卯日、丁卯日癸卯方、乙卯方、丁卯方癸卯时、乙卯时、丁卯时吉。

原文:

注音:ji^2 sən^1 mbe^1 ti^6 ha:m^1 qeŋ^1 pjeŋ^3 hi^3 van^1 fa:ŋ^1 si^2 ʈət^7

直译:寅 申 年 第 三 庚 丙 子 日 方 时 吉

意译:寅年、申年第三元庚子日、丙子日庚子方、丙子方庚子时、丙子时吉。

原文:

注音:ma:u^4 ju^4 mbe^1 ti^6 ȵi^6 tjeŋ^1 ɕi^4 van^1 fa:ŋ^1 si^2 ʈət^7

直译:卯 酉 年 第 二 丁 巳 日 方 时 吉

意译:卯年、酉年第二元丁巳日丁巳方丁巳时吉。

原文：

注音：sən^{2} hət^{7} mbe^{1} ti^{6} ŋo^{4} tjeŋ^{1} ɕən^{1} su^{3} van^{1} fa:ŋ^{1} si^{2} ʈət^{7}

直译：辰 戌 年 第 五 丁 辛 丑 日 方 时 吉

意译：辰年、戌年第五元丁丑日、辛丑日丁丑方、辛丑方丁丑时、辛丑时吉。

原文：

注音：ɕi^{4} ʁa:i^{3} mbe^{1} ti^{6} ɕi^{5} mu^{6} sən^{2} van^{1} fa:ŋ^{1} si^{2} ʈət^{7}

直译：巳 亥 年 第 四 戊 辰 日 方 时 吉

意译：巳年、亥年第四元戊辰日戊辰方戊辰时吉。

篇章意译

子年、午年第一元辛酉日辛酉方辛酉时吉。

丑年、未年第六元癸卯日、乙卯日、丁卯日癸卯方、乙卯方、丁卯方癸卯时、乙卯时、丁卯时吉。

寅年、申年第三元庚子日、丙子日庚子方、丙子方庚子时、丙子时吉。

卯年、酉年第二元丁巳日丁巳方丁巳时吉。

辰年、戌年第五元丁丑日、辛丑日丁丑方、辛丑方丁丑时、辛丑时吉。

巳年、亥年第四元戊辰日戊辰方戊辰时吉。

几拜敢

原文:

注音:tsjeŋ^{1} ŋo^{4} ȶu^{3} mu^{6} ji^{2} van^{1} ma:u^{4} si^{2} ɕoŋ^{1}

直译:正 五 九 戊 寅 日 卯 时 凶

意译:正月、五月、九月戊寅日卯时凶。

原文:

注音:ȵi^{6} ljok^{8} sup^{8} mu^{6} sən^{1} van^{1} ŋo^{2} si^{2} ɕoŋ^{1}

直译:二 六 十 戊 申 日 午 时 凶

意译:二月、六月、十月戊申日午时凶。

原文:

注音:ha:m^{1} ɕət^{7} sup^{8} ʔjət^{7} mu^{6} ŋo^{2} van^{1} ŋo^{2} si^{2} ɕoŋ^{1}

直译:三 七 十一 戊 午 日 午 时 凶

意译:三月、七月、十一月戊午日午时凶。

原文:

注音:ɕi^{5} pa:t^{7} sup^{8} ʔjət^{7} ʔjit^{7} ɕi^{4} van^{1} ɕi^{4} si^{2} ɕoŋ^{1}

直译:四 八 十一 乙 巳 日 巳 时 凶

意译:四月、八月、十一月乙巳日巳时凶。

原文:

注音:tsjeŋ^{1} ŋo^{4} ȶu^{3} tjeŋ^{1} ma:u^{4} van^{1} ɕoŋ^{1}

直译:正 五 九 丁 卯 日 凶

意译:正月、五月、九月丁卯日凶。

原文：

注音：ȵi^6　ljok^8　sup^8　ʈa:p^7　hi^3　van^1　ɕoŋ^1

直译：二　六　十　甲　子　日　凶

意译：二月、六月、十月甲子日凶。

原文：

注音：ha:m^1　ɕət^7　sup^{8}ʔjət^7　ʈui^5　ma:u^4　van^1　ɕoŋ^1

直译：三　七　十一　癸　卯　日　凶

意译：三月、七月、十一月癸卯日凶。

原文：

注音：ɕi^5　pa:t^7　sup^{8}ȵi^6　qeŋ^1　ŋo^2　van^1　ɕoŋ^1

直译：四　八　十二　庚　午　日　凶

意译：四月、八月、十二月庚午日凶。

篇章意译

正月、五月、九月戊寅日卯时凶，二月、六月、十月戊申日午时凶，三月、七月、十一月戊午日午时凶，四月、八月、十一月乙巳日巳时凶。

正月、五月、九月、丁卯日凶，二月、六月、十月甲子日凶，三月、七月、十一月癸卯日凶，四月、八月、十二月庚午日凶。

说明

几拜敢，水语音译，意为入新宅所忌凶日，搬迁新居入新房要避开以上这些日子。

翻梯

原文:

注音:hi^{3} ŋo^{2} ma:u^{4} ju^{4} mbe^{1} tsjeŋ^{1} ɕi^{5} ɕət^{7} sup^{8} mi^{6} van^{1}

直译:子 午 卯 酉 年 正 四 七 十 未 日

意译:子年、午年、卯年、酉年正月、四月、七月、十月未日凶。

原文:

注音:su^{3} mi^{6} sən^{2} hət^{7} mbe^{1} ȵi^{6} ŋo^{4} pa:t^{7} sup^{8}ʔjət^{7} ju^{4} van^{1}

直译:丑 未 辰 戌 年 二 五 八 十一 酉 日

意译:丑年、未年、辰年、戌年二月、五月、八月、十一月酉日凶。

原文:

注音:ji^{2} sən^{1} ɕi^{4} ʁa:i^{3} mbe^{1} ha:m^{1} ljok^{8} ȶu^{3} sup^{8}ȵi^{6} su^{3} van^{1} ɕoŋ^{1}

直译:寅 申 巳 亥 年 三 六 九 十二 丑 日 凶

意译:寅年、申年、巳年、亥年三月、六月、九月、十二月丑日凶。

篇章音译

子年、午年、卯年、酉年正月、四月、七月、十月未日凶。
丑年、未年、辰年、戌年二月、五月、八月、十一月酉日凶。
寅年、申年、巳年、亥年三月、六月、九月、十二月丑日凶。

说明

起房、盖屋、立楼梯忌用翻梯日。

倒栏(二)

原文:

注音:hi^{3} ŋo^{2} ma:u^{4} ju^{4} mbe^{1} tsjeŋ^{1} ɕi^{5} ɕət^{7} sup^{8} qeŋ^{1} ji^{2} van^{1}

直译:子 午 卯 酉 年 正 四 七 十 庚 寅 日

意译:子年、午年、卯年、酉年正月、四月、七月、十月庚寅日凶。

原文:

注音:ti^{6} ʔjət^{7} mu^{6} ji^{2} van^{1} ɕoŋ^{1}

直译:第 一 戊 寅 日 凶

意译:第一元戊寅日凶。

原文:

注音:su^{3} mi^{6} sən^{2} hət^{7} mbe^{1} ȵi^{6} ŋo^{4} pa:t^{7} sup^{8} ʔjət^{7} ȶui^{5} su^{3} van^{1}

直译:丑 未 辰 戌 年 二 五 八 十一 癸 丑 日

意译:丑年、未年、辰年、戌年二月、五月、八月、十一月癸丑日凶。

原文:

注音:ti^{6} ȵi^{6} ȶui^{5} su^{3} van^{1} ɕoŋ^{1}

直译:第 二 癸 丑 日 凶

意译:第二元癸丑日凶。

原文:

注音:ji^{2} sən^{1} ɕi^{4} ʁa:i^{3} mbe^{1} ha:m^{1} ljok^{8} ȶu^{3} sup^{8}ȵi^{6}

直译:寅 申 巳 亥 年 三 六 九 十二

意译:寅年、申年、巳年、亥年三月、六月、九月、十二月。

原文:

注音:mu^{6}　ŋo^{2}　ȶi^{1}　ju^{4}　van^{1}　ɕoŋ^{1}

直译:戊　午　己　酉　日　凶

意译:戊午日、己酉日凶。

原文:

注音:ti^{6}　ha:m^{1}　mu^{6}　ŋo^{2}　van^{1}　ɕoŋ^{1}

直译:第　三　戊　午　日　凶

意译:第三元戊午日凶。

篇章意译

子年、午年、卯年、酉年正月、四月、七月、十月庚寅日凶,第一元戊寅日凶。

丑年、未年、辰年、戌年二月、五月、八月、十一月癸丑日凶,第二元癸丑日凶。

寅年、申年、巳年、亥年三月、六月、九月、十二月戊午日、己酉日凶,第三元戊午日凶。

说明

倒栏是建造凶祸条目,起造忌用倒栏日。

离空盖

原文:

注音:ti^{6} ʔjət^{7} ȶa:p^{7} hi^{3} ʔjit^{7} su^{3} ɕən^{1} su^{3} ȶui^{5} ɕi^{4} van^{1} ȶət^{7}

直译:第 一 甲 子 乙 丑 辛 丑 癸 巳 日 吉

意译:第一元甲子日、乙丑日、辛丑日、癸巳日吉。

原文:

注音:ti^{6} ȵi^{6} ȶa:p^{7} hi^{3} ʔjit^{7} su^{3} van^{1} ma:u^{4} si^{2} ȶət^{7}

直译:第 二 甲 子 乙 丑 日 卯 时 吉

意译:第二元甲子日、乙丑日卯时吉。

原文:

注音:ti^{6} ha:m^{1} ȶa:p^{7} hi^{3} ʔjit^{7} su^{3} van^{1} ɕoŋ^{1} ji^{2} si^{2}

直译:第 三 甲 子 乙 丑 日 凶 寅 时

意译:第三元甲子日、乙丑日寅时凶。

原文:

注音:ti^{6} ɕi^{5} ȶa:p^{7} hi^{3} ʔjit^{7} su^{3} van^{1} ɕoŋ^{1} ŋo^{2} mi^{6} sən^{1} si^{2}

直译:第 四 甲 子 乙 丑 日 凶 午 未 申 时

意译:第四元甲子日、乙丑日午时、未时、申时凶。

原文:

注音:ti^{6} ŋo^{4} ȶa:p^{7} hi^{3} ȶui^{5} ɕi^{4} ɕən^{1} ju^{4} van^{1} hi^{3} ji^{2} si^{2}

直译:第 五 甲 子 癸 巳 辛 酉 日 子 寅 时

意译:第五元甲子日、癸巳日、辛酉日子时、寅时吉。

原文:

注音:ti^{6} ljok^{8} ʈa:p^{7} hi^{3} van^{1} ʔjit^{7} su^{3} van^{1}

直译:第 六 甲 子 日 乙 丑 日

意译:第六元甲子日、乙丑日。

原文:

注音:^{1}ʔjit^{7} ma:u^{4} van^{1} ŋo^{2} mi^{6} si^{2} ʈət^{7}

直译:乙 卯 日 午 未 时 吉

意译:乙卯日午时、未时吉。

原文:

注音:ti^{6} ɕət^{7} ʈa:p^{7} hi^{3} van^{1} ʔjit^{7} su^{3} ɕən^{1} ju^{4} van^{1} ɕi^{4} hi^{3} si^{2} ʈət^{7}

直译:第 七 甲 子 日 乙 丑 辛 酉 日 巳 子 时 吉

意译:第七元甲子日、乙丑日、辛酉日巳时、子时吉。

篇章意译

第一元甲子日、乙丑日、辛丑日、癸巳日吉。

第二元甲子日、乙丑日卯时吉。

第三元甲子日、乙丑日寅时凶。

第四元甲子日、乙丑日午时、未时、申时凶。

第五元甲子日、癸巳日、辛酉日子时、寅时吉。

第六元甲子日、乙丑日、乙卯日午时、未时吉。

第七元甲子日、乙丑日、辛酉日巳时、子时吉。

说明

离空盖,水语译音,意为修鸡笼。以上为建造修鸡笼吉日,修鸡笼逢这些日子鸡不易瘟疫。

天狗(一)

原文：

注音：sən^{1} ha:m^{1} njen^{2} ju^{4} fa:ŋ^{1} hi^{3} fa:ŋ^{1} ma:u^{4} fa:ŋ^{1} ɕoŋ^{1}

直译：春 三 月 酉 方 子 方 卯 方 凶

意译：春季三月酉方、子方、卯方凶。

原文：

注音：ɕu^{1} ha:m^{1} njen^{2} mi^{6} fa:ŋ^{1} su^{3} fa:ŋ^{1} hi^{3} fa:ŋ^{1} ju^{4} fa:ŋ^{1} ɕoŋ^{1}

直译：秋 三 月 未 方 丑 方 子 方 酉 方 凶

意译：秋季三月未方、丑方、子方、酉方凶。

原文：

注音：ja^{3} ha:m^{1} njen^{2} hi^{3} fa:ŋ^{1} ʁa:i^{3} fa:ŋ^{1} sən^{1} fa:ŋ^{1} ma:u^{4} fa:ŋ^{1} ɕoŋ^{1}

直译：夏 三 月 子 方 亥 方 申 方 卯 方 凶

意译：夏季三月子方、亥方、申方、卯方凶。

原文：

注音：toŋ^{1} ha:m^{1} njen^{2} ma:u^{4} fa:ŋ^{1} su^{3} hət^{7} hi^{3} fa:ŋ^{1} ɕoŋ^{1}

直译：冬 三 月 卯 方 丑 戌 子 方 凶

意译：冬季三月卯方、丑方、戌方、子方凶。

篇章意译

春季三月酉方、子方、卯方凶，秋季三月未方、丑方、子方、酉方凶，夏季三月子方、亥方、申方、卯方凶，冬季三月卯方、丑方、戌方、子方凶。

天狗(二)

原文:

注音:sən^{1} ha:m^{1} njen^{2} hi^{3} su^{3} ma:u^{4} ju^{4} fa:ŋ^{1} ɕoŋ^{1}

直译:春 三 月 子 丑 卯 酉 方 凶

意译:春季三月子方、丑方、卯方、酉方凶。

原文:

注音:ja^{3} ha:m^{1} njen^{2} hi^{3} mi^{6} ma:u^{4} ju^{4} fa:ŋ^{1} ɕoŋ^{1}

直译:夏 三 月 子 未 卯 酉 方 凶

意译:夏季三月子方、未方、酉方、卯方凶。

原文:

注音:ɕu^{1} ha:m^{1} njen^{2} ju^{4} hi^{3} ma:u^{4} su^{3} fa:ŋ^{1} ɕoŋ^{1}

直译:秋 三 月 酉 子 卯 丑 方 凶

意译:秋季三月酉方、子方、卯方、丑方凶。

原文:

注音:toŋ^{1} ha:m^{1} njen^{2} hi^{3} mi^{6} ma:u^{4} ju^{4} fa:ŋ^{1} ɕoŋ^{1}

直译:冬 三 月 子 未 卯 酉 方 凶

意译:冬季三月子方、未方、卯方、酉方凶。

篇章意译

春季三月子方、丑方、卯方、酉方凶。

夏季三月子方、未方、酉方、卯方凶。

秋季三月酉方、子方、卯方、丑方凶。
冬季三月子方、未方、卯方、酉方凶。

说明

起造忌用天狗方。

倒栏(三)

1.人倒栏

原文:

注音:ʨa:p^7 ʨi^1 mbe^1 qeŋ^1 ŋo^2 van^1 ʔjit^7 qeŋ^1 mbe^1 ʨa:p^7 sən^1 van^1

直译:甲 己 年 庚 午 日 乙 庚 年 甲 申 日

意译:甲年、己年庚午日,乙年、庚年甲申日凶。

原文:

注音:pjeŋ^3 ɕən^1 mbe^1 mu^6 hət^7 van^1 tjeŋ^1 ȵum^2 mbe^1 ȵum^2 hi^3 van^1

直译:丙 辛 年 戊 戌 日 丁 壬 年 壬 子 日

意译:丙年、辛年戊戌日,丁年、壬年壬子日凶。

原文:

注音:mu^6 ʨui^5 mbe^1 ʨa:p^7 ji^2 van^1

直译:戊 癸 年 甲 寅 日

意译:戊年、癸年甲寅日凶。

2.猪倒栏

原文:

注音:ʨa:p^7 ʨi^1 mbe^1 tjeŋ^1 ma:u^4 van^1 ʔjit^7 qeŋ^1 mbe^1 ɕən^1 ɕi^4 van^1

直译:甲 己 年 丁 卯 日 乙 庚 年 辛 巳 日

意译:甲年、己年丁卯日,乙年、庚年辛巳日凶。

原文:

注音:pjeŋ^3 ɕən^1 mbe^1 ʔjit^7 mi^6 van^1 tjeŋ^1 ȵum^2 mbe^1 ȶi^1 ju^4 van^1

直译:丙 辛 年 乙 未 日 丁 壬 年 己 酉 日

意译:丙年、辛年乙未日,丁年、壬年己酉日凶。

原文:

注音:mu^6 ȶui^5 mbe^1 ȶui^5 ʁa:i^3 van^1

直译:戊 癸 年 癸 亥 日

意译:戊年、癸年癸亥日凶。

3.牛倒栏

原文:

注音:ȶa:p^7 ȶi^1 mbe^1 ȶi^1 ɕi^4 van^1 ʔjit^7 qeŋ^1 mbe^1 ȶui^5 mi^6 van^1

直译:甲 己 年 己 巳 日 乙 庚 年 癸 未 日

意译:甲年、己年己巳日,乙年、庚年癸未日凶。

原文:

注音:pjeŋ^3 ɕən^1 mbe^1 tjeŋ^1 ju^4 van^1 tjeŋ^1 ȵum^2 mbe^1 ɕən^1 ʁa:i^3 van^1

直译:丙 辛 年 丁 酉 日 丁 壬 年 辛 亥 日

意译:丙年、辛年丁酉日,丁年、壬年辛亥日凶。

原文:

注音:mu^6 ȶui^5 mbe^1 ʔjit^7 su^3 van^1

直译:戊 癸 年 乙 丑 日

意译:戊年、癸年乙丑日凶。

4.马倒栏

原文:

注音:ȶa:p^{7} ȶi^{1} mbe^{1} ȶa:p^{7} hət^{7} van^{1} ʔjit^{7} qeŋ^{1} mbe^{1} mu^{6} hi^{3} van^{1}

直译:甲 己 年 甲 戌 日 乙 庚 年 戊 子 日

意译:甲年、己年甲戌日,乙年、庚年戊子日凶。

原文:

注音:pjeŋ^{3} ɕən^{1} mbe^{1} qeŋ^{1} ji^{2} van^{1} tjeŋ^{1} ȵum^{2} mbe^{1} ȶa:p^{7} sən^{2} van^{1}

直译:丙 辛 年 庚 寅 日 丁 壬 年 甲 辰 日

意译:丙年、辛年庚寅日,丁年、壬年甲辰日凶。

原文:

注音:mu^{6} ȶui^{5} mbe^{1} mu^{6} ŋo^{2} van^{1}

直译:戊 癸 年 戊 午 日

意译:戊年、癸年戊午日凶。

5.鸡倒栏

原文:

注音:ȶa:p^{7} ȶi^{1} mbe^{1} tjeŋ^{1} su^{3} van^{1} ʔjit^{7} qeŋ^{1} mbe^{1} ȶi^{1} ma:u^{4} van^{1}

直译:甲 己 年 丁 丑 日 乙 庚 年 己 卯 日

意译:甲年、己年丁丑日,乙年、庚年己卯日凶。

原文:

注音:pjeŋ^{3} ɕən^{1} mbe^{1} ȶui^{5} ɕi^{4} van^{1} tjeŋ^{1} ȵum^{2} mbe^{1} tjeŋ^{1} mi^{6} van^{1}

直译:丙 辛 年 癸 巳 日 丁 壬 年 丁 未 日

意译:丙年、辛年癸巳日,丁年、壬年丁未日凶。

原文:

注音:mu^{6} ȶui^{5} mbe^{1} ɕən^{1} ju^{4} van^{1}

直译:戊 癸 年 辛 酉 日

意译:戊年、癸年辛酉日凶。

6.羊倒栏

原文:

注音:ȶa:p^{7} ȶi^{1} mbe^{1} ʔjit^{7} ʁa:i^{3} van^{1} ʔjit^{7} qeŋ^{1} mbe^{1} ȶi^{1} su^{3} van^{1}

直译:甲 己 年 乙 亥 日 乙 庚 年 己 丑 日

意译:甲年、己年乙亥日,乙年、庚年己丑日凶。

原文:

注音:pjeŋ^{3} ɕən^{1} mbe^{1} ɕən^{1} ma:u^{4} van^{1} tjeŋ^{1} ȵum^{2} mbe^{1} ʔjit^{7} ɕi^{4} van^{1}

直译:丙 辛 年 辛 卯 日 丁 壬 年 乙 巳 日

意译:丙年、辛年辛卯日,丁年、壬年乙巳日凶。

原文:

注音:mu^{6} ȶui^{5} mbe^{1} ȶi^{1} mi^{6} van^{1}

直译:戊 癸 年 己 未 日

意译:戊年、癸年己未日凶。

篇章意译

1.人倒栏

甲年、己年庚午日,乙年、庚年甲申日凶。

丙年、辛年戊戌日,丁年、壬年壬子日凶。

戊年、癸年甲寅日凶。

2.猪倒栏

甲年、己年丁卯日，乙年、庚年辛巳日凶。
丙年、辛年乙未日，丁年、壬年己酉日凶。
戊年、癸年癸亥日凶。

3.牛倒栏

甲年、己年己巳日，乙年、庚年癸未日凶。
丙年、辛年丁酉日，丁年、壬年辛亥日凶。
戊年、癸年乙丑日凶。

4.马倒栏

甲年、己年甲戌日，乙年、庚年戊子日凶。
丙年、辛年庚寅日，丁年、壬年甲辰日凶。
戊年、癸年戊午日凶。

5.鸡倒栏

甲年、己年丁丑日，乙年、庚年己卯日凶。
丙年、辛年癸巳日，丁年、壬年丁未日凶。
戊年、癸年辛酉日凶。

6.羊倒栏

甲年、己年乙亥日，乙年、庚年己丑日凶。
丙年、辛年辛卯日，丁年、壬年乙巳日凶。
戊年、癸年己未日凶。

说明

倒栏是水书起造之凶祸之日，包括人倒栏、猪倒栏、牛倒栏、马倒栏、鸡倒栏、羊倒栏等，建造时应避开这些倒栏之日，否则要遭凶祸。

附录

一、水书六十年甲子歌诀表

水书纳音表	意译
[illegible]	甲子乙丑海中金
[illegible]	丙寅丁卯炉中火
[illegible]	戊辰己巳大林木
[illegible]	庚午辛未路旁土
[illegible]	壬申癸酉剑锋金
[illegible]	甲戌乙亥山头火
[illegible]	丙子丁丑涧下水
[illegible]	戊寅己卯城头土
[illegible]	庚辰辛巳白腊金
[illegible]	壬午癸未杨柳木
[illegible]	甲申乙酉泉中水
[illegible]	丙戌丁亥屋上土
[illegible]	戊子己丑霹雳火
[illegible]	庚寅辛卯松柏木
[illegible]	壬辰癸巳长流水
[illegible]	甲午乙未砂石金
[illegible]	丙申丁酉山下火
[illegible]	戊戌己亥平地木
[illegible]	庚子辛丑壁上土

[illegible]	壬寅癸卯金薄金
[illegible]	甲辰乙巳覆灯火
[illegible]	丙午丁未天河水
[illegible]	戊申己酉大驿土
[illegible]	庚戌辛亥衩钏金
[illegible]	壬子癸丑桑柘木
[illegible]	甲寅乙卯大溪水
[illegible]	丙辰丁巳沙中土
[illegible]	戊午己未天上火
[illegible]	壬戌癸亥大海水

二、水历阴历对照表

阴历四季	春			夏			秋			冬		
地支月建	寅月	卯月	辰月	巳月	午月	未月	申月	酉月	戌月	亥月	子月	丑月
水族文学	[illegible]	[illegible]	[illegible]	[illegible]	[illegible]	[illegible]	[illegible]	[illegible]	[illegible]	[illegible]	[illegible]	[illegible]
水历四季称谓	[illegible]（春）			[illegible]（夏）			[illegible]（秋）			[illegible]（冬）		
水历月别	[illegible]	[illegible]	[illegible]	[illegible]	[illegible]	[illegible]	[illegible]	[illegible]	[illegible]	[illegible]	[illegible]	[illegible]
汉译月别	五月	六月	七月	八月	九月	十月	十一月	十二月	正月端月	二月	三月	四月

三、常用水书字归类

(一)时间

mbe^{1}	njen^{2}	van^{1}	si^{2}	fa:ŋ^{1}
年	月	日	时	方

(二)天干地支

ȶa:p^{7}	ʔjit^{7}	pjeŋ^{3}	tjeŋ^{1}	mu^{6}	ȶi^{1}	qeŋ^{1}	ɕən^{1}	ȵum^{2}	ȶui^{5}
甲	乙	丙	丁	戊	己	庚	辛	壬	癸

hi^{3}	su^{3}	ji^{2}	ma:u^{4}	sən^{2}	ɕi^{4}	ŋo^{2}	mi^{6}	sən^{1}	ju^{4}	hət^{7}	ʁa:i^{3}
子	丑	寅	卯	辰	巳	午	未	申	酉	戌	亥

(三)六十甲子

ȶa:p^{7} hi^{3}	ʔjit^{7} su^{3}	pjeŋ^{3} ji^{2}	tjeŋ^{1} ma:u^{4}	mu^{6} sən^{2}
甲 子	乙 丑	丙 寅	丁 卯	戊 辰

ȶi^{1} ɕi^{4}	qeŋ^{1} ŋo^{2}	ɕən^{1} mi^{6}	ȵum^{2} sən^{1}	ȶui^{5} ju^{4}
己 巳	庚 午	辛 未	壬 申	癸 酉

ȶa:p^{7} hət^{7}	ʔjit^{7} ʁa:i^{3}	pjeŋ^{3} hi^{3}	tjeŋ^{1} su^{3}	mu^{6} ji^{2}
甲 戌	乙 亥	丙 子	丁 丑	戊 寅

ȶi^{1} ma:u^{4} qeŋ^{1} sən^{2} ɕən^{1} ɕi^{4} ȵum^{2} ŋo^{2} ȶui^{5} mi^{6}
己 卯 庚 辰 辛 巳 壬 午 癸 未

ȶa:p^{7} sən^{1} ʔjit^{7} ju^{4} pjeŋ^{3} hət^{7} tjeŋ^{1} ʁa:i^{3} mu^{6} hi^{3}
甲 申 乙 酉 丙 戌 丁 亥 戊 子

ȶi^{1} su^{3} qeŋ^{1} ji^{2} ɕən^{1} ma:u^{4} ȵum^{2} sən^{2} ȶui^{5} ɕi^{4}
己 丑 庚 寅 辛 卯 壬 辰 癸 巳

ȶa:p^{7} ŋo^{2} ʔjit^{7} mi^{6} pjeŋ^{3} sən^{1} tjeŋ^{1} ju^{4} mu^{6} hət^{7}
甲 午 乙 未 丙 申 丁 酉 戊 戌

ȶi^{1} ʁa:i^{3} qeŋ^{1} hi^{3} ɕən^{1} su^{3} ȵum^{2} ji^{2} ȶui^{5} ma:u^{4}
己 亥 庚 子 辛 丑 壬 寅 癸 卯

ȶa:p^{7} sən^{2} ʔjit^{7} ɕi^{4} pjeŋ^{3} ŋo^{2} tjeŋ^{1} mi^{6} mu^{6} sən^{1}
甲 辰 乙 巳 丙 午 丁 未 戊 申

ȶi^{1} ju^{4} qeŋ^{1} hət^{7} ɕən^{1} ʁa:i^{3} ȵum^{2} hi^{3} ȶui^{5} su^{3}
己 酉 庚 戌 辛 亥 壬 子 癸 丑

ʈa:p^7 ji^2	ʔjit^7 ma:u^4	pjeŋ^3 sən^2	tjeŋ^1 ɕi^4	mu^6 ŋo^2
甲 寅	乙 卯	丙 辰	丁 巳	戊 午

ʈi^1 mi^6	qeŋ^1 sən^1	ɕən^1 ju^4	ȵum^2 hət^7	ʈui^5 ʁa:i^3
己 未	庚 申	辛 酉	壬 戌	癸 亥

(四)四季方位

sən^1	ja^3	ɕu^1	toŋ^1	toŋ^1	na:m^2	se^1	ba:k^8	ta^5
春	夏	秋	冬	东	南	西	北	中

(五)五行

sui^3	fa^3	mok^8	ʈum^1	tu^3
水	火	木	金	土

(六)九星

tha:m^1	ʈu^2	ljok^8	fan^2	ljem^2	fu^4	pho^5	pu^5	pjət^2
贪	巨	禄	文	廉	武	破	辅	弼

(七)八卦

ʈen^2	fən^1	li^1	toi^6	qan^5	tsan^5	hən^5	qha:m^3
乾	坤	离	兑	艮	震	巽	坎

(八)数字

ʔjət^{7}	ȵi^{6}	ha:m^{1}	hi^{5}	ŋo^{5}	ljok^{8}
一	二	三	四	五	六

ɕət^{7}	pa:p^{7}	ȶu^{3}	sup^{8}	sup^{8}ʔjət^{7}	sup^{8}ȵi^{6}
七	八	九	十	十一	十二

(九)二十八宿

qam^{5} mok^{8} qa:u^{1}	qam^{5} ȶum^{1} ljoŋ^{2}	ti^{2} thu^{3} lok^{8}	ha:k^{8} ȵət^{8} thu^{5}
角木蛟	亢金龙	氐土貉	房日兔
ɕum^{1} ȵət^{8} ʔu^{1}	ȵi^{4} fa^{3} hu^{3}	ȶu^{3} sui^{3} peu^{5}	khui^{1} mok^{8} la:ŋ^{2}
心月狐	尾火虎	箕水豹	奎木狼
loi^{2} ȶum^{1} qau^{3}	ŋwet^{8} thu^{3} ti^{6}	ŋa^{2} ȵot^{2} ȶi^{1}	piət^{8} ȵot^{8} ʔu^{1}
娄金狗	胃土雉	昂日鸡	毕月乌
hoi^{3} fa^{3} ʁau^{1}	sam^{5} sui^{3} jon^{2}	ɕen^{3} mok^{3} ŋa:n^{6}	ȶui^{3} ȶum^{1} ja:ŋ^{2}
觜火猴	参水猿	井木犴	鬼金羊

lu^4 thu^3 ts:aŋ^1 柳土獐	ɕa:ŋ^1 ȵot^8 ma^4 星日马	 tsa:ŋ^1 ȵət^8 iok^8 张月鹿	jət^7 fa^3 sja^2 翌火蛇
 kəŋ^5 sui^5 jən^4 轸水蚓	 thu^5 mok^8 ha:i^5 斗木蟹	 ȵu^2 ȶum^1 ȵu^2 牛金牛	 nju^4 thu^3 fok^8 女土蝠
su^1 ȵut^8 su^1 虚日鼠	 nju^4 ȵət^8 ʔjin^5 危月燕	 sək^7 fa^3 tsu^1 室火猪	 piət^7 ui^3 hi^1 壁水貐

四、水书先生口头歌诀

1. 喜雄歌

sjen^1 tsi^5 ljeu^2 fan^2 ha:i^1 sa:u^1 ʔdi^3
qoŋ^5 ljok^8 to^2 tsi^5 ɕi^3 ʔau^1 ma:u^4
wan^1 la:u^4 hən^2 joŋ^6
tai^1 qoŋ^5 pu^4 su^3 sum^3 ʔa:u^1 sən^2
ji^2 ʔa:u^1 ɕi^4 ha:ŋ^5 pu^4 ni^4 ʔda:i^1
ha:i^1 ma:u^4 ʔa:u^1 ŋo^2 ljok^8 to^2 tsi^5 ha:i^1
van^1 ʔda:i^1 həa^2 joŋ^6
sən^2 ʔa:u^1 mi^6 tsi^6 pu^3 me^2 ɕoŋ^1
sən^2 ʔa:u^1 mi^6 ɕi^4 sum^3 ʔa:u^1 sən^1
sən^2 ʔa:u^1 mi^6 h:aʔ^5 ha:i^2 ɕən^1 zən^1
ɕi^4 ʔa:u^1 sən^1 ha:ŋ^5 ɕo^3 ɕən^1 ɕen^2
ŋo^2 ʔa:u^1 ju^4 ha:ŋ^5 qoŋ^5 pu^4 ʔda:i^1
mi^6 ʔa:u^1 hət^7 sət^7 pa:i^1 ti^6 ha:n^1
sən^1 ʔa:u^1 ʁa:i^3 ʔdai^3 ʔdai^3 ti^6 lən^2
ju^4 ʔa:u^1 ɕi^4 la:u^4 ti^3 pjeŋ^2 pjai^3
hət^7 ʔa:u^1 su^3 me^2 qa:ŋ^2 ni^4 ma:ŋ^2

ʁa:i^3 ʔa:u^1 ji^2 pu^3 lən^4 ʔdai^3 ʔda:i^1

ha:ŋ^5 ha:i^2 ʔdai^3 fu^4 ɕo^3 ɕai^3 han^1

此歌诀为潘宗权先生唱，大意为：仙人择定了好的日子我说给大家听，古时六铎公就定好了日子，子年要卯日，大课的日子，天下的人都在用。祖公逝世，是丑年的要辰日辰时安葬；寅年则要巳日巳时安葬父母较好；卯年要午日午时，这是六铎公择定的，这些好日子天下的人都在用；辰年要未日未时，虽是忌日但也不是很凶；辰年要未日未时；巳年要申日申时；辰年要未日未时，葬者发人丁；巳年要申日申时，葬者发钱财；午年要酉日酉时，葬老祖公比较吉利；未年要戌日戌时，葬者今后子孙吉祥安康；申年要亥日亥时，安葬者后代出能人；酉年要子日子时，安葬者大大小小都平安；戌年要丑日丑时，葬者一切不忌；亥年要寅日寅时，安葬者得吉日，在这些日子安葬者以后逐步富裕起来。

2. 旭甲己

ȶa:p^7 van^1 ljok^8 to^2 kho^1 ho^4 ʔu^1 ȶoŋ^1

ha:ŋ^5 ha:i^2 ʔda:u^3 me^2 tok^5 ȶoŋ^1 ha^1

ȶa:p^7 ʔa:u^1 ti^1 tu^3 li^1 tu^3 lui^5

jum^1 ja:ŋ^2 hui^6 ȶan^3

ti^1 ʔa:u^1 ȶa:p^7 ta:p^7 ɕən^1 ljok^8 ɣa:n^2

jum^1 ja:ŋ^2 lui^5 mu^6 ȶui^5 tu^3 ȶa:u^1

pjeŋ^3 ʔa:u^1 ɕən^1 pu^3 la:u^3 khun^1 tsok^2

ɕən^1 ʔa:u^1 pjeŋ^3 tja:ŋ^3 ku^3 ljok^8 pu^2

mu^6 ʔa:u^1 ȶui^5 hui^6 ti^6 jum^1 ja:ŋ^2

ȶui^5 ʔa:u^1 mu^6 jum^1 ja:ŋ^2 tu^3 li^1

tjeŋ^3 ʔa:u^1 ȵum^2 jum^1 ja:ŋ^2 tu^3 lim^5

ʔjət^7 ʔa:u^1 qeŋ^1 ʔau^4 nam^3 tjik^7 hən^2

ha:ŋ^5 ha:i^2 ʔadi^2 fu^5 taŋ^1 ɣi^3 ɣən^2

此歌诀为陆廷志先生唱，大意为：六铎公已定好甲日合课在六宫内，葬对吉日就不怕“落宫”了。甲年要己日己时，阴阳搭配合适；己年要甲日甲时，适合六家的书；戊日和癸日癸时相结合；丙年要辛日辛时，只有一条路走；辛年要丙日丙时，为“略不”日时；戊年要癸日癸时，为阴阳搭配之日；癸年要戊日戊时阴阳很利；丁年要壬日壬时，合阴阳搭配；乙年要庚日庚时，风调雨顺谷米满仓，安葬在吉日后代福寿不断。

3. 八本宫歌诀

pa:t^{7} sɿ^{2} ȵan^{2} ɕən^{1} zən^{1} phi^{3} pjo^{5}

ʔjət^{7} sa:ŋ^{3} ȶhi^{5} ʔdi^{5} pu^{4} ni^{4} tsje^{1}

ȵi^{6} thjen^{1} ji^{1} fan^{2} ljeŋ^{1} tu^{3} ʔda:u^{3}

ha:m^{1} foŋ^{2} ɕi^{3} pu^{4} ni^{4} me^{2} toŋ^{2}

ɕi^{5} ɕot^{8} ha:i^{5} ya:n^{2} na:i^{6} ɕoŋ^{1} zən^{1}

ŋo^{4} foŋ^{2} ɕi^{3} ham^{3} ȶui^{4} ʔu^{1} ʔɣa:ŋ^{3}

ljok^{8} fa^{3} tak^{7} ʔba:k^{7} mba:n^{1} pi^{3} pjai^{2}

ɕət^{7} qau^{1} ȵai^{3} tu^{3} ʔiŋ^{5} fe^{4} tsje^{1}

此歌诀为陆朝仲先生唱，大意为：八本宫成人颇多，“一生气”跟父母吃，为中等吉日；“二天医”说话都一样，为上等吉日；“三绝体”父母不同，为下等日；“四游魂”家人不利，为下等日；“五逢鬼”翻碗未得吃，为下等日；“六福德”男女均有，为上等吉日；“七绝命”干活相推让，为下等日。